AF396232

AFFAIRE DE LA LIGUE DES PATRIOTES

MÉMOIRE A CONSULTER

PAR

Mᵉ ÉDOUARD CLUNET

AVOCAT À LA COUR DE PARIS

PARIS

IMPRIMERIE ET LIBRAIRIE CENTRALES DES CHEMINS DE FER

IMPRIMERIE CHAIX

SOCIÉTÉ ANONYME AU CAPITAL DE SIX MILLIONS

Rue Bergère, 20

1889

AFFAIRE DE LA LIGUE DES PATRIOTES

MÉMOIRE A CONSULTER

I. — Point de Fait.

L'incident relatif au Cosaque Atchinoff, à Sagallo, près de la colonie française d'Obock sur la mer Rouge, a produit, suivant la formule d'une note officielle « une impression d'autant plus vive que l'opinion n'y avait pas été préparée ».

Atchinoff, sujet russe, a débarqué le 18 janvier 1889 en territoire français à Tadjourah avec 145 de ses compagnons, un approvisionnement d'armes et munitions; quelques jours plus tard, il s'installait dans un vieux fort abandonné qu'il mit en état de défense. Invité à se retirer, il refusa de le faire. Le gouvernement russe intérrogé déclara qu'Atchinoff agissait en dehors de toute attache même officieuse. Un mois se passa en pourparlers et en négociations avec Atchinoff pour le déterminer à quitter le territoire. Les sommations demeurèrent vaines. Le 17 février 1889, l'amiral Olry commandant l'escadre française, lui envoya un dernier *ultimatum.* Atchinoff le repoussa. L'amiral Olry fit tirer quelques coups de

1

canon sur le fort qui se rendit aussitôt. Malheureusement quelques compagnons d'Atchinoff furent atteints. Quatre ou cinq victimes restèrent sur place.

La France entière s'associa dans les regrets que lui causèrent les résultats déplorables de la résistance d'Atchinoff aux ordres les plus légitimes, répétés pendant plus d'un mois. Mais le sang d'une nation amie avait coulé; une impression douloureuse et profonde fut unanimement ressentie.

Le 28 février 1889, plusieurs journaux du matin publiaient le document suivant :

Le comité directeur de la Ligue des patriotes, parlant et agissant au nom des 240,000 ligueurs de France, proteste avec la plus vive indignation contre les inqualifiables procédés du gouvernement parlementaire désavoué par tous les patriotes, qui n'a pas craint de faire verser le sang russe par des mains françaises, et envoie à la grande nation amie l'expression de son deuil cordial, de ses regrets sincères et de son fraternel dévouement..

Le comité directeur ouvre immédiatement une souscription en faveur des familles des morts et des blessés de la mission Atchinoff à Sagallo, et inscrit la Ligue des patriotes pour une somme de 1,000 francs..

Vive la Russie! Vive la France!

Pour le comité directeur, pour les 20 comités de Paris et les 89 comités divisionnaires de la France et de l'Algérie :

Le président de la Ligue des patriotes,
PAUL DÉROULÈDE.

Le délégué général,
GEORGES LAGUERRE.

Le secrétaire général,
PIERRE RICHARD.

Le même jour, à la Chambre des députés, M. Hubbard, en son nom et au nom de MM. Gerville-Réache, Boissy-d'Anglas et Périllier « demandait à M. le ministre des affaires étrangères quelques explications sur le bombardement de Sagallo (1) ».

____

(1) Chambre des députés, séance du 28 février 1889. *Journal officiel* du 1ᵉʳ mars 1889, p. 467, col. 3.

M. Spuller, ministre des affaires étrangères, et M. Goblet, ancien ministre qui dirigeait le même département, à l'époque où l'incident d'Atchinoff s'était produit, fournirent à la Chambre de très complètes explications.

La Chambre édifiée par les renseignements fournis, a adopté à *l'unanimité* un ordre du jour ainsi conçu : « La Chambre s'associant aux sentiments de sympathie pour la Russie, exprimés par le gouvernement passe à l'ordre du jour (1). »

Ce même jour, 28 février 1889, la déclaration de la Ligue fut connue au Conseil des ministres. Elle parut aux membres du Gouvernement constituer un acte tombant sous l'application des lois pénales. Le Conseil des ministres décida que des poursuites immédiates seraient exercées contre le comité directeur de la Ligue des Patriotes, sur la base des articles 84 du Code pénal (délit contre la sûreté extérieure de l'État) et 291 (association non autorisée de plus de vingt personnes).

A la suite de cette décision, des perquisitions ont été pratiquées le jour même à 2 heures de l'après-midi aux bureaux de la Ligue des Patriotes, 9, place de la Bourse, par M. Athalin, juge d'instruction, sur les réquisitions de M. le Procureur de la République, et ce, en vertu des articles 84 et 291 précités du Code pénal. A l'origine, les poursuites ont été intentées contre deux des trois signataires de la déclaration, MM. Déroulède et Richard, M. Laguerre restant en dehors.

Le 2 mars 1889, à la séance de la Chambre des Députés, M. Laguerre, troisième signataire du document incriminé, demanda à interpeller M. le Garde des sceaux sur le caractère des poursuites dirigées contre le président et le secrétaire général de la Ligue des Patriotes. Il sollicitait d'être compris dans les poursuites.

Au cours de la discussion de cette interpellation, des déclarations ministérielles ont été faites qu'il importe de retenir.

---

(1) *Journal officiel*, 1ᵉʳ mars 1889, p. 472, col. 1.

M. le Garde des Sceaux. — « Ces poursuites ont été ordonnées et une information a été ouverte basée sur les articles 84 et 291 du Code pénal (1). »

Quelques jours après, M. le Procureur général près la Cour d'appel de Paris saisissait successivement la Chambre des députés d'une demande d'autorisation de poursuites contre MM. Laguerre, Laisant et Turquet, et le Sénat d'une demande semblable contre M. Naquet.

La requête du Procureur général était ainsi libellée :

PARQUET

DE LA

COUR D'APPEL

DE PARIS

—

Cabinet du Procureur général.

—

Paris, le 10 mars 1889.

Monsieur le Président,

La Ligue des patriotes fut fondée en 1882 dans le but de développer chez nous l'esprit militaire, de préparer moralement et physiquement des soldats pour la France. La demande d'autorisation qu'elle forma à cette époque ne fut pas accueillie, mais l'association bénéficia d'une tolérance que le sentiment public a ratifiée pendant plusieurs années. Si la propagande à laquelle se limitait alors son action ne fut point toujours assez mesurée et assez prudente, la Ligue des patriotes n'en éveillait pas moins autour d'elle de nobles et généreuses sympathies.

Mais, dès 1887, notamment lors de la Revue du 14 Juillet, la Ligue, sous l'inspiration de son président, se livrait à des manifestations bruyantes, injurieuses pour les chefs de notre armée, manifestations qui faisaient pressentir une prochaine et dangereuse évolution. En effet, au mois d'avril 1888, une scission éclatante se produisit entre ceux qui voulaient rester fidèles aux statuts primitifs et à l'origine de l'association et ceux qui l'entraînaient dans des voies

(1) Chambre des Députés, 2 mars 1889. — *Journal officiel*, 3 mars 1889, p. 478, col. 2.

nouvelles. Désormais, la Ligue, qui continuera de s'appeler Ligue des patriotes, n'aura plus de commun que le nom avec celle qui s'était fondée en 1882. Déjà diverses manifestations extérieures avaient attesté qu'à l'action patriotique elle avait substitué une action politique illégale et, si exagérée que fût l'importance que la Ligue se donnait à elle-même, cette action pouvait devenir dangereuse en troublant l'ordre ou en menaçant la paix.

La dernière de ces manifestations, c'est-à-dire l'ordre du jour voté le 27 février par le comité directeur de la Ligue des patriotes, à la suite des événements de Sagallo et adressé par le télégraphe en Russie à des personnalités militaires, a paru comme pouvant tomber sous l'application de l'article 84 du Code pénal, et une information fut immédiatement requise tant en vertu de cet article qu'en vertu des articles 291 et 292 du même Code pour association illicite.

La perquisition opérée le lendemain au siège de la Ligue des patriotes a amené la découverte de documents desquels il résulte que cette Ligue ne constitue plus, en réalité, qu'une entreprise factieuse contre les libertés politiques du pays.

Dès le mois d'avril 1888, un manifeste émanant de la Ligue et intitulé : « Appel aux patriotes », avait exposé le nouveau programme de l'association. « Les fondateurs de la Ligue, y est-il dit, ont compris qu'un nouveau devoir s'imposait à eux : délivrer la France du joug de l'oligarchie qui l'avilit et qui la ruine » ; et plus loin : « Devant l'anarchie gouvernementale qui nous déshonore et qui nous perd, nous protestons contre la Constitution usurpatrice de 1875.

Au dos de ce manifeste était imprimée une formule d'adhésion au nouveau programme « *nettement politique* de la Ligue », dont il est dit que « le devoir urgent est de parer tout d'abord aux difficultés de l'intérieur ».

On constate qu'à partir de cette époque la Ligue se livre à une propagande dont le but est exclusivement politique ; à Paris, elle crée des comités dans tous les arrondissements ; en province, elle nomme des délégués qui s'emploient à constituer des comités divisionnaires, lesquels « doivent accepter absolument la direction morale du comité de Paris ».

Fidèle à son programme, ce comité prend une part active à l'élection du 27 janvier dernier, en vue de laquelle il dispose de fonds qui paraissent n'avoir pas eu pour unique provenance les cotisations régulièrement versées par les membres de l'association.

Puis l'effort d'expansion continue ; on cherche, surtout pour Paris, à compléter « en la simplifiant » l'organisation de la Ligue : chaque arrondissement de Paris est sectionné en quartiers et en groupements de rues par quartier ; les chefs de division et de subdivision forment pour chaque arrondissement un comité de 42 membres sous les ordres du comité directeur — le tout, dit une circulaire qui porte la date du 20 février 1889, « afin de pouvoir, dans le plus bref délai, sans avoir recours à la poste, au télégraphe et à aucune autre administration, transmettre un mot d'ordre à tous les ligueurs de Paris, lesquels pourront ainsi, en deux heures, avoir entre les mains le même avis... Toutes les instructions et tous les renseignements devant être centralisés entre les mains du chef d'arrondissement, qui les recevra du comité directeur et qui les transmettra aux chefs de quartier, lesquels les communiqueront immédiatement aux chefs de section. Et le but de cette organisation est clairement indiqué par le document susmentionné dans les termes suivants : « En prévision des mesures arbitraires qui pourraient être prises par le gouvernement contre la Ligue des patriotes, le comité directeur a décidé de demander aux comités de Paris de se mettre en état de mobilisation permanente. Par là, le comité directeur entend que toutes les forces respectives de chaque comité, spécialement désignées pour cette mobilisation, devront se tenir d'une façon permanente à la disposition du chef de l'arrondissement, afin que, dans le cas où on essaierait de dissoudre la Ligue, elle puisse se retrouver promptement et *tout entière* où il faudra. »

La Ligue des patriotes de 1882 avait cessé d'exister, et il va de soi que la tolérance que lui avait value, pendant quelques années, l'idée généreuse de laquelle elle était née, n'a jamais voulu ni pu s'étendre à la Ligue qui vient d'être dissoute.

Celle-ci se dressait en face des institutions établies et elle en préparait le renversement en s'abritant sous un titre désormais mensonger. Sa dernière organisation en faisait même une sorte d'armée devant obéir passivement à des chefs désignés d'avance, sur la communication à ces derniers, par un comité directeur, d'un mot d'ordre soigneusement dissimulé, c'est-à-dire que, d'après une jurisprudence constante, et en dépit de la publicité de son existence et de sa propagande, la nouvelle Ligue des patriotes doit être considérée comme étant devenue une véritable société secrète tombant sous l'application de l'article 13 du décret du 28 juillet 1848, maintenu par l'article 12 de la loi du 30 juin 1881.

Les membres ont, en outre, et incontestablement commis le délit prévu et puni par les articles 291 et 292 du Code pénal et par l'article 2 de la loi du 10 avril 1834 sur les associations illicites, et il y a même lieu pour l'information de rechercher si les faits ci-dessus rappelés ne constituent pas les provocations à des crimes ou à des délits prévus par l'article 293 du Code pénal.

La justice a surtout le devoir de poursuivre ceux qui ont été les inspirateurs et les chefs de cette nouvelle Ligue. Parmi eux se trouve M. Naquet, sénateur, qui en était l'un des vice-présidents.

En conséquence, j'ai l'honneur de vous prier, monsieur le président, de vouloir bien soumettre aux délibérations du Sénat la présente lettre par laquelle je demande qu'il lui plaise d'autoriser la poursuite, pendant la durée de la session, de M. Naquet, sénateur, en vertu des articles 291, 292, 293 (Code pénal), 1 et 2 de la loi du 10 avril 1834 et 13 du décret du 28 juillet 1848, pour être, par l'au-

torité judiciaire compétente, ultérieurement requis et statué ce qu'il appar-
tiendra.

Je vous prie de vouloir bien agréer, monsieur le président, l'hommage de mon
profond respect.

Le procureur général,
Bouchez.

L'autorisation de poursuites fut accordée par la Chambre des
députés et le Sénat.

Une instruction fut ouverte, dans laquelle les inculpés, protestant
contre le caractère des poursuites, déclarèrent au juge d'instruction
qu'ils n'avaient pas de réponse à lui faire, et se réservaient de
présenter leur défense devant le tribunal.

L'instruction fut dès lors rapidement terminée. Elle consista à
rassembler les documents saisis à la Ligue des patriotes, 9, place de
la Bourse, à Paris, et chez quelques particuliers. Un dossier d'en-
viron 250 pièces fut ainsi réuni. Le réquisitoire définitif était
signé le 23 mars; le même jour, le juge d'instruction rendait son
ordonnance et M. le procureur de la République faisait délivrer aux
prévenus la citation suivante :

Huitième Chambre du tribunal de première instance du département de la
Seine.

L'an mil huit cent quatre-vingt-neuf, le vingt-trois mars :

A la requête de M. le procureur de la République, près le tribunal de
première instance du département de la Seine, séant à Paris, qui fait élection
de domicile en son parquet, au Palais de Justice, à Paris ;

J'ai, Paul-Victor Dublin, huissier audiencier audit tribunal, demeurant à
Paris, au Palais de Justice, soussigné, donné assignation à M. Déroulède, Paul-
Marie-Joseph, demeurant à Paris, place de la Bourse, 9 ;

En son domicile parlant ainsi qu'il est dit en l'original à comparaître en
personne, le mardi 2 avril 1889 à onze heures du matin, à l'audience du tribunal de première instance du département de la Seine, huitième chambre,
jugeant en police correctionnelle, séant à Paris au Palais de Justice;

Pour répondre des procédés sur et aux fins d'une procédure de laquelle il
résulte qu'il est prévenu :

1° D'avoir depuis moins de trois ans, à Paris, fait partie d'une association non
autorisée; d'avoir en mil huit cent quatre-vingt-neuf, à Paris, fait partie d'une

société secrète, délit prévu par les articles 291, 292 du Code pénal, 1 et 2 de la loi du 10 août 1834; 13 de la loi du 30 juin 1381 ;

Et en outre répondre aux conclusions qui seront prises contre lui par le Procureur de la République, d'après l'instruction à l'audience, et j'ai du susnommé en parlant comme dessus, laissé copie.

Coût : soixante-quinze centimes.

Les assignations reçues par les autres membres du comité directeur de la Ligue des patriotes sont conformes à celle ci-dessus; seul, le nom de l'inculpé change.

Les prévenus sont : MM. Paul Déroulède, président de la Ligue des patriotes, 42 ans; Richard (Pierre), secrétaire général, 25 ans; Laguerre (Georges), député, délégué général, 30 ans; Laisant, 48 ans, Turquet, 52 ans, députés; Naquet, sénateur, 54 ans; Gallian, 31 ans, membres du comité directeur.

II. — Point de droit.

CHEF ABANDONNÉ

Crime contre la sûreté extérieure de l'État.

Texte de la loi. — *Code pénal de 1810.* — Quiconque aura par des actions hostiles, non approuvées par le gouvernement, exposé l'État à une déclaration de guerre sera puni du bannissement; et si la guerre s'en est suivie, de la déportation.

Le crime contre la sûreté extérieure de l'État paraissait à l'origine le principal grief invoqué contre la Ligue des patriotes. Il suffira de se reporter à l'exposé des faits qui précède et de se rappeler la déclaration de M. le Garde des sceaux à la tribune de la Chambre des députés le 2 mars 1889 annonçant que les « poursuites avaient été ordonnées, basées sur les articles 84 et 291 du Code pénal. »

Dès le 10 mars, la prévention était abandonnée sur ce chef; la requête du Procureur général aux présidents de la Chambre des députés et du Sénat n'en fait plus mention.

Le 23 mars 1889, le réquisitoire définitif concluait à un non-lieu de ce chef. Il était fait droit le même jour à ces conclusions par une ordonnance conforme de M. le juge d'instruction Athalin.

L'inculpation principale, celle qui avait motivé contre la Ligue des patriotes la mesure extraordinaire des perquisitions domiciliaires et de la dissolution, s'évanouissait dès le début.

ASSOCIATION NON AUTORISÉE

1ᵉʳ chef. — Association non autorisée

1. — Texte des lois visées par la prévention. — *Code pénal de 1810.*
— Art. 291. Nulle association de plus de vingt personnes, dont le but sera de
se réunir tous les jours ou à certains jours marqués pour s'occuper d'objets
religieux, littéraires, politiques ou autres, ne pourra se former qu'avec l'agré-
ment du gouvernement et sous les conditions qu'il plaira à l'autorité publique
d'imposer à la Société.

Dans le nombre de personnes indiqué par le présent article ne sont pas com-
prises celles domiciliées dans la maison où l'association se réunit.

Art. 292. Toute association de la nature ci-dessus exprimée, qui se sera formée
sans autorisation ou qui, après l'avoir obtenue, aura enfreint les conditions à
elles imposées, sera dissoute. — Les chefs, directeurs ou administrateurs de
l'association seront, en outre, punis d'une amende de seize francs à deux cents
francs.

Loi du 10 avril 1834. — Article 1ᵉʳ. Les dispositions de l'article 291 du Code
pénal sont applicables aux associations de plus de vingt personnes, alors même
que ces associations seraient partagées en sections d'un nombre moindre et
qu'elles ne se réuniraient pas tous les jours ou à des jours marqués. L'autorisation donnée par le gouvernement est toujours révocable.

Art. 2. Quiconque fait partie d'une association non autorisée sera puni de
deux mois à un an d'emprisonnement et de 50 à 1,000 francs d'amende.

En cas de récidive, les peines pourront être portées au double. Le condamné
pourra, dans ce dernier cas, être placé sous la surveillance de la haute police
pendant un temps qui n'excédera pas le double du maximum de la peine.

L'article 463 du Code pénal pourra être appliqué dans tous les cas.

1 *bis*. — Caractère de l'article 291 du Code pénal. — L'article
291 du Code pénal est surtout une loi politique. Tout le monde
est d'accord pour lui reconnaître ce caractère. Il contient la réglementation du droit d'association en France.

2. — A n'ouvrir que le Code pénal de 1810, il figure toujours dans notre législation répressive. Mais lorsqu'il s'agit d'une loi politique, la seule lecture d'un texte est insuffisante. Il faut encore pour l'interpréter et l'appliquer avec justice, considérer la condition, où le changement du temps, l'évolution des idées, la marche des événements le réduisent.

3. — En fait, le gouvernement de la République en a suspendu l'usage, depuis plusieurs années, avec une volonté réfléchie et persistante.

Nous constaterons cet état de fait et nous en déduirons ultérieurement les conséquences.

4. — Depuis longtemps, même avant l'établissement pacifique et prolongé du régime républicain, l'article 291 Code pénal jouissait d'une mauvaise réputation.

5. — **Opinion de M. Guizot.** — Dans la discussion de la loi du 10 avril 1834, destinée à étendre les effets de l'article 291 du Code pénal, M. le député Salverte rappelait à la tribune l'opinion que M. Guizot (1) en avait professée : « M. Guizot disait : L'article 291 du Code pénal, je me hâte de le dire du fond de ma pensée, est mauvais. Il ne doit pas figurer éternellement, longtemps si vous voulez, dans la législation d'un peuple libre. Sans doute, les citoyens ont le droit de se réunir pour causer entre eux des affaires publiques ; même il est bon qu'ils le fassent, et jamais je ne contesterai ce droit. Mais l'article 291 n'en est pas moins écrit dans nos lois, quelque vicieux qu'il soit. »

6. — **Opinion de M. Floquet.** — Cet article, comme il était naturel, était jugé plus sévèrement encore par le Président du dernier cabinet ministériel, M. Floquet.

______

(1) M. Guizot avait fait partie et faisait encore partie à cette époque d'une association non autorisée la Société *Aide-toi, le ciel t'aidera*, destinée à se défendre contre les abus de l'administration.

L'opinion de l'honorable ministre de l'intérieur était rappelée à la tribune de la Chambre des députés à l'occasion même de la demande d'autorisation de poursuites dans la présente affaire (1).

» M. Cunéo d'Ornano. — Je voterai contre l'ordre du jour qui est soumis à la Chambre parce que, encore une fois, j'ai le plus grand respect pour l'autorité de notre ancien président qui, en 1871, motivait son opinion en ces termes : « Il est à ma connaissance personnelle que le Gouvernement de la Défense nationale interrogé sur l'existence de l'article 291 du Code pénal et sollicité d'en prononcer l'abrogation, a répondu qu'il était impossible qu'aucune conscience droite considérât que cet article fût encore debout après la révolution du 4 septembre. »

» M. Charles Floquet. — Je tiens à répéter que c'est exactement ce que j'ai dit à la tribune. » (Très bien, très bien! à gauche et au centre. Exclamations à droite.)

7. — Concert d'opinions contre l'article 291 C. P. — Cette opinion n'était d'ailleurs ni isolée, ni théorique, elle était défendue par les meilleurs esprits et confessée même par les pouvoirs publics.

Tous étaient d'accord pour exclure l'article 291 du C. P. de notre droit positif. On n'y a jamais manqué chaque fois qu'il s'est agi de légiférer en une matière touchant au droit d'association.

8. — Abrogation de l'article 291 C. P. par la loi du 12 juillet 1875. — La loi du 12 juillet 1875 ouvre la marche contre l'article 291 C. P. Son article 10 porte textuellement : « *L'article 291 du Code pénal n'est pas applicable aux associations formées pour créer et entretenir des cours ou établissements d'enseignement supérieur* dans les conditions déterminées par la présente loi. »

9. — Condamnation de l'article 291 C. P. par M. Dufaure, en 1880. — M. Dufaure, ancien garde des sceaux, présente au Sé-

---

(1) Chambre des députés, 2 mars 1889. *Journal Officiel*, 3 mars 1889, page 482, colonne 3.

nat, dans sa séance du 17 juin 1880, une loi sur le droit d'association où on lit ce qui suit dans l'exposé des motifs :

« La sanction de cette règle (autorisation préalable du pouvoir exécutif) se trouve dans les articles 291, 292, 293 C. P. et dans la loi du 10 avril 1834 : « *Cet état de législation a été critiqué à toutes les époques de notre gouvernement parlementaire et on conviendra que ce n'est pas sans raison.* De tous les droits essentiels que la loi doit garantir, il n'en est pas un dont l'étendue et la pratique soient réglées d'une manière aussi insuffisante.

» ... *Pour réaliser la promesse écrite, il y a plus de trente ans, dans l'article 8 de la Constitution de 1848, la proposition supprima l'autorisation officielle* qui était exigée pour toute association de plus de vingt personnes. Mais elle demande à toute association, quelque soit le nombre de ses membres, une déclaration qui, faisant connaître son existence et les conditions dans lesquelles elle se forme, facilite l'exercice du droit de surveillance dont l'autorité ne peut se départir », et plus loin : « *Les articles 291, 292 et 294 et la loi de 1834 seront abrogés par la proposition actuelle* si elle adoptée. »

Les articles du projet de loi étaient ainsi conçus :

Art. 1er. — Toutes associations ayant pour but de s'occuper d'objets religieux, littéraires, scientifiques, politiques ou autres, pourront se former sous les conditions ci-après :

Art. 2. — Les fondateurs seront tenus de déclarer avant tout acte : 1° l'objet et le nom de l'association ; 2° les noms des sociétaires et spécialement de ceux qui doivent représenter l'association comme président, directeur, administrateur, ou toute autre dénomination ; 3° le siège de l'association.

Art. 12. — *Les articles 291, 292 et 294 du Code pénal* la loi du 10 avril 1834 et toutes autres dispositions contraires à la présente loi *sont abrogées.*

Ces dispositions étaient maintenues dans le texte sorti des délibérations de la commission (1).

---

(1) *Journal des Sociétés*, 1881, p. 124.

10. — Dès 1874, M. Lockroy dépose un projet de loi sur les *syndicats professionnels*. Il fut repris et modifié en 1880 par le gouvernement. Trois années de discussion devant le Parlement aboutirent à la loi du 21 mars 1884.

11. — **Condamnation de l'article 291 C. P. par MM. Allain, Targé, Floquet et Sarrien.** — Dans son rapport présenté à la Chambre des députés le 15 mars 1881, au nom de la commission composée de MM. Floquet, député, Sarrien, secrétaire, M. Allain-Targé disait : « Nous avons tenu à placer cet article en tête de notre projet et à examiner les textes répressifs dont les associations professionnelles n'auront plus rien à craindre. Il nous a paru qu'une loi, surtout quand elle est une loi de liberté et de rapprochement qui succède à une législation de défiance, ne péchait jamais par excès de clarté. »

12. — **Abrogation de l'article 291 C. P. par la loi du 21 mars 1884 sur les syndicats professionnels.** — L'article 1 de la loi du 21 mars 1884 contient cet alinéa significatif : « Les articles 291, 292, 293, 294 du Code pénal et la loi du 18 avril 1834 ne sont pas applicables aux syndicats professionnels (1). »

L'article 2 dispose : « Les syndicats ou associations professionnelles, même de plus de vingt personnes exerçant la même profession, des métiers similaires, ou des professions connexes concourant à l'établissement de produits déterminés pourront se constituer librement sans l'autorisation du gouvernement. »

13. — **Proposition d'abrogation de l'article 291 C. P. par le Gouvernement, en 1883.** — Le 23 octobre 1883, M. Waldeck-Rousseau, ministre de l'Intérieur, présente au Sénat, au nom de M. Jules Grévy, président de la République française, un projet de loi sur les associations. En tête de l'exposé des motifs, on lit : « Si

---

(2) Cette abrogation figurait également dans le contre-projet présenté le 24 janvier 1882 par MM. Keller, de la Bassetière, Villiers, de Civrrac, etc., députés.

l'on fait abstraction de quelques lois particulières dirigées contre des associations déterminées, *les articles 291 et suivants du Code pénal constituent aujourd'hui la base fondamentale de la législation en matière d'association.* Comptent-elles moins de vingt membres, elles sont licites ; au delà, elles deviennent délictueuses ; aucune distinction n'est, d'ailleurs, faite selon l'objet qu'elles se proposent. Entre ce qui est permis et ce qui est défendu, c'est un chiffre qui sert de frontière.

« *Économistes et jurisconsultes ont dès longtemps condamné ce qu'il y a d'injuste et d'arbitraire dans une telle réglementation . . . .*

. . . .

« *Que la législation des articles 291 et 292 doive disparaître, tout le monde en tombe aisément d'accord.* On se divise davantage lorsqu'il s'agit de rechercher à quelles règles les associations doivent être désormais soumises. »

Le projet de loi place les associations simplement sous le régime du droit commun.

« Article premier. — L'association est la convention par laquelle deux ou plusieurs personnes mettent en commun leurs connaissances ou leur activité dans un but autre que de partager des bénéfices.

« Elle est régie par les principes généraux du droit applicables aux contrats et délégations. »

La nécessité de l'autorisation préalable n'était plus maintenue que pour les associations entre Français et étrangers et les congrégations religieuses (art. 18).

L'article 27 est à reproduire dans son dernier paragraphe :

« *Sont abrogés : les articles 291, 292, 293 du Code pénal, et l'article 294 du même Code,* sauf en ce qui concerne l'exercice du culte ; . .

. . . . *la loi du 10 avril 1834, l'article 13 du décret du 28 juillet 1848,* etc. »

14. — Dans l'intervalle et en attendant la liberté d'association qui s'élabore et qui déjà pénètre dans la loi positive par certains côtés, la liberté du droit de réunion est proclamée par la loi du 30 juin 1881, dont l'article premier s'exprime ainsi : « Les réunions

publiques sont libres : elles peuvent avoir lieu sans autorisation préalable sous les conditions prescrites par les articles suivants. » (Simple déclaration préalable.)

15. — L'article 291 C. P. virtuellement aboli. — Dans cet état d'opinion, créé par le sentiment public, entretenu par les dépositaires mêmes de l'autorité, on peut dire sans exagération que si l'article 291 du Code pénal, subsistait encore dans sa matérialité, son action juridique était, au moins dans le domaine politique, virtuellement abolie.

16. — Comment se représenter un pays où le gouvernement subordonnerait encore le droit des citoyens à se réunir et à se grouper pour s'occuper en commun, de politique ou de littérature à la nécessité d'une autorisation, alors qu'il proclame lui-même que cette exigence légale a fait son temps, qu'il convient de l'effacer de nos Codes, et qu'il le raye de sa main dans les lois qu'il présente à la Nation.

C'est pourquoi en fait on a vécu comme si le projet du Gouvernement de 1883 sur le droit d'association avait été adopté et si l'article 291 avait été relégué dans les souvenirs du passé.

17. — En fait, le régime de l'autorisation préalable pour les associations a disparu. — Les citoyens se sont réunis, assemblés, groupés sans s'inquiéter d'une autorisation qu'ils estimaient superflue et que le Pouvoir jugeait lui-même inutile.

18. — Des associations de toute nature, s'occupant de politique, de science, de littérature, de religion se sont formées ostensiblement ; elles ont procédé à leur organisation et tenu leurs assises, sous le regard bienveillant de l'administration, heureuse de prouver qu'elle mettait libéralement ses actes d'accord avec ses théories.

18 *bis*. — Analogue. Abrogation tacite de la loi répressive en une matière connexe: les syndicats professionnels. — En une matière connexe, n'a-t-on pas vu une sorte de droit coutumier s'établir en présence de la volonté persévérante du Gouvernement à ne pas faire usage d'un texte répressif non abrogé, mis en opposition directe avec les principes d'un gouvernement libre ?

19. — Jusqu'en ces derniers temps, était encore en vigueur l'article 2 de la loi des 14-17 juin 1791 :

« Les citoyens d'un même état ou profession, les entrepreneurs, ceux qui ont boutique ouverte, les ouvriers et les compagnons ne pourront, lorsqu'ils se trouveront ensemble, nommer, ni présidents, ni secrétaires, ni syndics, tenir des registres, prendre des arrêts ou délibérations, former des règlements sur leurs prétendus intérêts communs. » Les contrevenants à ces prescriptions étaient punis par l'article 4 de la même loi « chacun de cinq cents livres d'amende et supendus pendant un an de l'exercice de tous droits de citoyen actif. »

19 *bis*. — Confiants en la désuétude où l'administration laissait reposer ce texte, de nombreux syndicats d'ouvriers et de patrons s'étaient constitués. Cette confiance ne fut pas trompée. Jamais l'administration n'émit la prétention d'exhumer brusquement la loi de 1791 et de déférer aux tribunaux les syndicataires.

Cette situation dura jusqu'en 1884. Ce n'est, en effet, que le 21 mars 1884, que la promulgation de la loi sur les syndicats professionnels changea la légalité de fait en légalité de droit, en autorisant les syndicats professionnels à se créer sans autorisation gouvernementale et en abrogeant, dans son article premier, la loi du 14 juin 1791, et les articles 291-294 du Code pénal.

19 *ter*. — Sous ce régime de liberté, basé sur l'interprétation même donnée aux textes par le Gouvernement, nous avons vu éclore une véritable floraison d'associations diverses ; les unes, vouées manifestement à des buts politiques, telles que la Société des droits de l'homme et du citoyen, la Société du Centenaire de 1789, l'Union libérale, parmi les tard-venues ; les autres, consacrées aux

arts, à la littérature, à la charité, sous les dénominations variées d'associations, cercles, ligues, unions.

Jamais le souvenir de l'article 291 du Code pénal n'a troublé leur quiétude. La pratique de cette loi par le Gouvernement a justifié leur confiance ; l'emploi rare et discret qu'en faisaient les tribunaux les a confirmés.

20. — Depuis l'établissement de la troisième République, la jurisprudence sur la matière éprouve une heureuse disette. Les recueils accrédités de décisions judiciaires n'en contiennent que des traces insignifiantes. L'application s'en fait de loin en loin à l'occasion de l'arrêté d'un maire qui trouve commode de supprimer ainsi quelque réunion musicale trop bruyante, ou d'un arrêté préfectoral qui ferme un cercle où le jeu s'est trop échauffé.

21. — Pendant cette longue période de temps, et malgré la diversité des directions gouvernementales, aucune association politique n'est vouée aux rigueurs anciennes de l'article 291 Code pénal (1).

---

1. Cette *possession d'état* éclatante d'un régime où les associations politiques et autres ont fonctionné si longtemps sans autorisation avec l'approbation indéniable du gouvernement a été constatée en termes excellents par M. BUFFET, ancien ministre de l'Intérieur, dans la discussion qui a eu lieu à la séance du Sénat du 14 mars 1889 :

« Ce qui est certain, disait l'honorable M. Buffet, c'est que *depuis sept ou huit ans ces dispositions sont devenues véritablement lettres mortes.*

» *Aucun des ministères* — et nous en avons eu plusieurs, qui se sont succédé dans ce long espace de temps, — *n'a réclamé l'application de ces lois.*

» *Cela n'a pas été une tolérance limitée, restreinte, pratiquée à l'égard de quelques associations* dont le but aurait paru absolument anodin ou que leur insignifiance aurait soustraites en quelque sorte à l'attention du Gouvernement et des Parquets. *Non, la tolérance a été absolue, constante, universelle, tellement absolue et constante que l'on a cru généralement que les dispositions précitées ne seraient plus invoquées désormais et qu'à défaut de liberté de droit, on avait désormais la liberté de fait.* Aussi, d'innombrables et importantes associations se sont formées au vu et au su du Gouvernement, à Paris et sur tous les points de la France, associations non seulement littéraires, charitables, mais politiques et même électorales.

» *Les citoyens les plus soucieux d'observer scrupuleusement les lois de leur pays ont non seulement pu croire, mais ont dû croire qu'ils pouvaient en toute sûreté de conscience et sécurité, entrer dans celles de ces associations qui répondaient à leurs préoccupations personnelles.*

» Cela est tellement vrai que je ne crois pas m'aventurer beaucoup en affirmant qu'à l'heure actuelle *il n'y a qu'un petit nombre de membres du Sénat qui ne fassent pas partie d'une Société non*

22. — Conséquence juridique du non-usage de la loi. — Le non-usage de l'article 291 du Code pénal est certain.

Quelles en sont les conséquences ?

Le non-usage abroge-t-il la loi écrite ? Merlin a soutenu « que l'usage, présentant les caractères nécessaires, pouvait abroger la loi, parce que la loi, aussi bien dans les gouvernements représentatifs et même monarchiques, que dans ceux où le pouvoir législatif s'exerce immédiatement par le peuple, est toujours l'expression formelle ou présumée de la volonté générale ».

22. — La pensée est belle et ne manque pas de hauteur philosophique ; mais la théorie qu'elle contient ne va pas sans contradiction (1). En matière civile, la jurisprudence ne s'y rallie pas ; mais, en matière politique, il convient de s'inspirer, dans une large mesure, de l'opinion des jurisconsultes romains : « La désuétude est une abrogation vivante de la loi. »

Si le juge hésite à faire produire au non-usage d'une loi pénale une conséquence aussi énergique, cet état de fait n'en aura pas moins des conséquences juridiques intéressantes.

24. — Effet du non-usage de la loi en matière pénale, notamment sur « l'intention coupable ». — Le non-usage de la loi aura

---

autorisée, composée de plus de vingt membres et, par conséquent, *l'article 2 de la loi de 1834 serait applicable à la plupart de mes collègues et probablement à moi-même.* »

M. le sénateur Demôle, rapporteur, reconnaît les faits constatés par M. Buffet : « M. Buffet s'en est servi (de l'article 291 du Code pénal) en 1875 et, s'il était resté au pouvoir, depuis cette époque il s'en serait servi.

» Mais les ministères qui lui ont succédé n'ont par cru devoir en faire usage. Ils ont souffert que les associations littéraires, philosophiques, religieuses et même politiques se fondassent sur divers points du pays, et considérant qu'il n'y aurait aucune espèce de danger dans le fonctionnement de ces associations, ils n'ont pas cru, je le répète, devoir faire usage des dispositions restrictives des articles 291 et 292 du Code pénal et, par suite, de la loi du 10 avril 1834. »

(Séance du Sénat du 14 mars 1889.)

1. « C'est une grave question que celle de savoir si l'usage peut abroger une loi écrite », dit M. le conseiller Rivière dans ses *Variations et progrès de la jurisprudence de la cour de cassation* (n° 26), où il expose toute la controverse du sujet.

une action directe sur l'un des éléments de l'acte punissable : l'intention délictueuse.

En règle générale, en matière de crime ou délit, l'*intention* même dans le silence de la loi forme une condition constitutive du fait réprimé (1).

La règle n'est renversée qu'à l'égard des contraventions de police, qui sont punissables, abstraction faite de l'intention, lorsque le fait matériel qui les constitue est constaté, ou des délits-contraventions (infractions aux lois fiscales, forestières, lois sur la pêche et la chasse, la presse, l'exercice de la médecine et de la pharmacie).

25. — L'infraction à l'article 291 C. P. est un délit, et non une contravention ou un délit-contravention. — L'infraction aux articles 291, 292, 293 du Code pénal n'est pas une contravention. Elle est rangée dans la section VII du chapitre III du titre Ier du livre III du Code pénal, intitulé : *Des crimes et délits et de leur punition.*

Le titre Ier est ainsi conçu : « Crimes et délits contre la chose publique », et le chapitre III « Crimes et délits contre la paix publique.

26. — C'est un délit dans les termes mêmes du § 2 de l'article 1er du Code pénal : « L'infraction que les lois punissent de peines correctionnelles est un délit », et du § 1er de l'article 9 du Code pénal : « Les peines en matière correctionnelle sont : 1° l'emprisonnement à temps dans un lieu de correction ».

27. — Les articles 291 et 292 ne concluaient qu'à une amende de 16 à 200 francs ; mais les articles 1 et 2 de la loi du 10 avril 1834 ont complété l'article 291 en frappant « quiconque fait partie d'une association non autorisée d'une peine de deux mois à un an d'emprisonnement et de 50 à 1,000 francs d'amende » (2).

---

1. Ortolan, *Droit pénal*, 3e édit., n° 404. — Faustin Hélie, *Pratique criminelle* (1877), p. 1.

2. « Nous répétons encore une fois que l'infraction aux lois sur les associations constitue un délit, puisqu'elle est punie de peines correctionnelles, et la preuve, c'est que les principes de la complicité lui sont appliqués alors qu'il n'y a pas de complicité en matière de contravention ». (Villey sur Chauveau et Hélie, 6e éd., 1887, t. III, p. 407, note 2.)

Pour commettre le délit de l'article 291 du Code pénal il faut, comme pour tout autre délit, l'intention coupable.

28. — Avec l'interprétation constante donnée par l'administra-tion à l'article 291 C. P., il n'y a pas d'intention coupable, en l'absence d'autorisation. — Comment soutenir avec sincérité qu'une intention pareille a pu traverser la pensée de ceux qui ont formé des associations politiques dans ces dix dernières années ? Ils ont vécu dans la conviction universellement partagée que le régime arbitraire et critiqué de « l'autorisation préalable » était condamné par ceux-là mêmes qui avaient qualité pour la délivrer.

A côté d'eux, autour d'eux, les associations, politiques aussi, croissaient et multipliaient avec l'assistance matérielle et morale des membres du Gouvernement, passés ou présents.

Combien cette croyance à la légalité a-t-elle été complète, en particulier, pour la Ligue des patriotes ? Tout a conspiré à l'entretenir ; le Gouvernement, à différentes périodes, la reconnaissait presque officiellement, lui assignait une place dans les cérémonies, encourageait son action, la subventionnait indirectement. Les hommes les plus éminents de la science et de l'administration, de la politique, s'y faisaient inscrire ; des ministres en exercice, y acquittaient leur cotisation, quelques-uns présidaient ses assemblées, le futur président de la République en était membre !

29. — Changement dans les statuts de la Ligue en 1888. — Même attitude de l'Administration. — La prévention soutient que le but originaire de la Ligue des patriotes a été changé depuis le mois d'avril, et notamment depuis le mois de juin 1888, date de la modification des statuts primitifs.

Il est vrai que l'article premier des anciens statuts portait que la Ligue avait pour but la revision du traité de Francfort et la restitution de l'Alsace-Lorraine à la France. En juin 1888, l'addition suivante y a été inscrite : « la réforme des institutions républicaines. »

30. — Cette modification est-elle heureuse ? C'est une appréciation qui ne relève pas du droit répressif. Elle a été portée à la connaissance du public de toutes façons. Le Gouvernement en a été instruit comme tout le monde; il n'a pas modifié son attitude à l'égard de la Ligue.

La Ligue a fonctionné avec « sa nouvelle orientation » de la façon la plus ostensible. Le réquisitoire définitif le constate lui-même : « *M. Déroulède d'ailleurs ne faisait pas mystère de ses projets*. En reprenant possession de ses fonctions (1), il déclara que la nouvelle Ligue soutiendrait *ouvertement* le général Boulanger, et son premier soin fut de faire ajouter aux statuts cette clause significative qu'elle s'occuperait de politique intérieure. »

31. — Absence de toute notification à la Ligue, à raison de son défaut d'autorisation. — En présence de cette nouvelle impulsion donnée si « ouvertement » à la Ligue, le Gouvernement n'a élevé aucune protestation; il l'a traitée comme auparavant, comme il traitait d'ailleurs toutes les associations politiques, ne songeant point à ressusciter les textes du passé, déjà entrés, de l'accord général, dans le domaine de l'histoire.

Aucune mise en demeure, aucune notification, aucun avis judiciaire n'a jamais été communiqué à la Ligue.

La Ligue a cru légitimement qu'elle était en règle avec le *modus vivendi* adopté par le Gouvernement au regard des sociétés politiques existantes, et que le droit commun, fondé sur une coutume aussi certaine, était un bien dont la jouissance lui appartenait comme à toutes les autres.

32. — Il est impossible que dans de pareilles conditions l'existence d'une association puisse être considérée comme délictueuse. Et pourtant c'est son existence seule qui lui est reprochée! car l'article 291 C. P. s'en prend uniquement à cette circonstance; le but

---

(1) Après la présidence de courte durée de M. Fery d'Esclandes, 17 décembre 1887 au 16 avril 1888.

4

de l'association, du moment qu'il est politique littéraire, ou religieux, lui est indifférent (1).

33. — Nécessité d'une mise en demeure au point de vue de la bonne foi. — Il n'y avait au point de vue juridique qu'une situation défendable. C'était de notifier officiellement à la Ligue des patriotes sa dissolution.

On a dit que l'Administration ne pouvait prononcer cette dissolution parce que la Ligue n'était pas une association autorisée. C'est une erreur. L'article 292 du Code pénal dispose que toute association « formée sans autorisation » sera dissoute.

Le défaut d'autorisation n'était donc pas un obstacle à la dissolution de la Ligue.

34. — A partir du moment, où l'Administration aurait signifié à la Ligue sa volonté de recourir aux textes, jusque-là virtuellement caducs, la continuité de l'existence de cette association l'aurait placée sous l'action de l'article 291 du Code pénal. C'est à ce moment seulement qu'existerait l'élément indispensable au délit, l'intention de violer la loi.

35. — Opinion de M. Buffet, ancien ministre de l'intérieur (Sénat 14 mars 1889). — « Mais ce que je ne saurais admettre, disait M. Buffet (2), c'est qu'alors que pendant de longues années on a traité comme licite, en fait, les associations non autorisées et composées de plus de 20 personnes, on puisse tout d'un coup, sans avis préalable, dire aux membres de ces associations, vous avez enfreint l'article 2 de la loi de 1834 et nous allons vous poursuivre

---

(1). L'article 291 ne punit pas seulement comme le faisait l'ancien droit « les assemblées faites à mauvais dessein » mais toutes les réunions même les plus inoffensives, même les plus légitimes, dès qu'un nœud lie les membres et qu'elles dépassent un certain nombre; elle ne s'enquiert pas de la moralité de l'association. »

(Chauveau et Hélie, 6ᵉ édit. III, p. 357.)

(2) Cette opinion a une valeur particulière, M. Buffet, ministre de l'intérieur en 1875, est le dernier qui ait appliqué l'article 291, du Code pénal aux associations politiques non autorisées. (V. note de la p. 22.)

et vous emprisonner. La tolérance absolue et prolongée ne serait plus : la tolérance alors, elle serait devenue un piège » (1).

36. — Opinion de M. Tirard, Président du Conseil. — Il est intéressant de noter que sous une forme moins vive, cette vue juridique de la question semble avoir appartenu à M. le président du Conseil des ministres.

M. Tirard, président du Conseil :... « quant aux mesures prises par le Ministre de l'intérieur, elles ont eu pour objet de prévenir l'association connue sous le nom de « Ligue des patriotes » que la tolérance dont elle a joui jusqu'à ce jour cessait (2). »

37. — Hors le fait d'exister, aucun délit n'est reproché à la Ligue des patriotes. — Dernière considération qui se recommande à la réflexion des juges.

La Ligue des patriotes, en dehors du fait d'exister, — fait licite en soi sous le régime actuel (nous l'avons démontré), et qui lui est commun avec toutes les autres associations, — n'a commis aucun délit.

Les 250 pièces réunies au dossier d'instruction n'en révèlent aucun. C'est la prévention elle-même qui le reconnaît.

En effet, l'article 293 du Code pénal est ainsi conçu : « Si par des discours, exhortations, invocations ou prières en quelque langue que ce soit ou par lecture, affiche, publication ou distribution d'écrits quelconques, il a été fait dans ces assemblées quelque provocation à des crimes ou délits, la peine sera de 100 francs à 300 francs

---

(1) M. Buffet, séance du Sénat du 14 mars 1889. — En finissant son discours, l'honorable sénateur revenait avec énergie sur cette considération, qui révoltait son sentiment juridique : « Il m'est impossible d'accorder l'autorisation qu'on nous demande et visant *les articles 291 et 292 C. P.* et les articles 1 et 2 de la loi de 1834, parce qu'il serait *souverainement inique* à mes yeux, *après une si longue tolérance, et avant d'avoir prévenu qu'elle allait cesser de poursuivre* soit des membres du Parlement, soit d'autres citoyens pour le seul fait de s'être affiliés à une Société de plus de 20 personnes non autorisées. *Ce serait, je le répète, une monstrueuse iniquité* à laquelle aucune considération ne pourrait me décider à me prêter. »

(2) Chambre des députés, séance du 2 mars 1889. *Journal officiel*, 3 mars 1889, p. 478, col. 1

d'amende et de 3 mois à 3 ans d'emprisonnement contre les chefs, directeurs et administrateurs de ces associations. »

Or, l'article 293 n'a pas été relevé par M. le Procureur de la République ; il ne fait pas partie de la prévention.

Si les reproches de tendance que le réquisitoire formule contre la Ligue avaient correspondu à des actes réels, l'article 293 du Code pénal aurait nécessairement été visé.

La prévention, en l'écartant, avoue que l'action de la Ligue est innocente devant le droit positif.

38. — Application des circonstances atténuantes. — L'article 63 du Code pénal sur les circonstances atténuantes est, sans discussion, applicable à la matière. En effet, le § 4 de l'article 2 de la loi du 10 avril 1834 s'exprime ainsi : « L'article 463 du Code pénal pourra être appliqué dans tous les cas ».

La loi n'aurait même pas eu besoin de le dire, car elle renvoyait au Code pénal et ne faisait qu'édicter des pénalités empruntées à ce Code.

Application de cette disposition a été faite sous l'Empire dans le célèbre procès des Treize, où MM. Garnier-Pagès, Carnot, députés ; Dréo, Clamageran, Durier, Ferry, Floquet, Jozon, avocats à la Cour de Paris ; Herold, Hérisson, avocats à la Cour de cassation ; Corbon, sculpteur à Paris, Bory, avocat à Marseille, et Melsheim, avoué à Schelesstadt, étaient poursuivis pour avoir formé une association non autorisée. La prévention visait les articles 291 et 29 ! du Code pénal ; 1, 2 et 3 de la loi du 10 avril 1834. Le tribunal correctionnel de la Seine, par jugement du 6 août 1864, confirmé par la Cour de Paris, le 7 décembre 1864, abaissa la peine à 500 francs d'amende. (1)

---

(1) Le pourvoi contre cet arrêt a été rejeté par la Cour de cassation (Chambre criminelle), le le 4 février 1865 (S. 1865. I. 145).

DEUXIÈME CHEF

SOCIÉTÉ SECRÈTE

2ᵉ chef. — Société secrète.

39. — Texte des lois visées par la prévention. — *Décret du 28 juillet 1848.*
— Art. 13. Les sociétés secrètes sont interdites. Ceux qui seront convaincus
d'avoir fait partie d'une société secrète seront punis d'une amende de 100 à
500 francs, d'un emprisonnement de six mois à deux ans, et de la privation
des droits civiques d'un an à cinq ans.

Ces condamnations pourront être portées au double contre les chefs ou fondateurs desdites sociétés. Les peines seront prononcées sans préjudice de celles
qui pourraient être encourues pour crimes ou délits prévus par ces lois.

Loi du 30 juin 1881. — Art. 12. Le décret du 28 juillet 1848 demeure abrogé,
sauf l'article 13 qui interdit les sociétés secrètes. Sont également abrogés le
décret du 25 mars 1852 et toutes dispositions contraires à la présente loi.

**40. — Le délit de société secrète n'a pas de définition légale.
— Sa constatation est remise à l'appréciation et à la conscience
du juge.** — La loi n'a pas précisé le caractère constitutif du délit
de société secrète. La Cour de cassation a déclaré à plusieurs
reprises que le délit prévu par l'article 13 du décret du 28 juillet
1848 n'avait pas de définition légale.

Voici les déclarations successives de la Cour suprême :
— « Attendu, en droit, que la loi *en ne spécifiant pas les caractères
constitutifs de la société a laissé aux juges à les déterminer.* » Cassation
crim., 18 décembre 1862 (1).
— « Attendu que la loi, *en ne spécifiant pas les caractères constitutifs de
la société secrète a laissé aux juges le soin de la déterminer ;* que,

(1) S. 1862, 1,50.

d'ailleurs, les faits relevés par la Cour d'appel (1) constituent essentiellement le délit prévu et réprimé par l'article 13 de la loi du 28 juillet 1848. » Cassation crim., 23 février 1877 (2).

« Attendu que la loi ne définit pas les sociétés secrètes, *qu'elle s'en rapporte à la conscience et à l'appréciation des magistrats* pour reconnaître et constater l'existence de ces sociétés ». Cassation crim., 28 décembre 1885 (3).

41. — Éléments qui peuvent guider le juge. — Le pouvoir du juge est ici considérable ; il ne laisse pas que d'être embarrassant. Cependant, il n'en est pas réduit à s'abandonner à sa seule inspiration, il peut être aidé dans la direction à prendre par divers enseignements qui ne le laissent pas seul en face de son sentiment personnel. Les travaux préparatoires, la doctrine, la jurisprudence, l'histoire judiciaire du sujet, sont autant d'éléments qui viennent au secours de son « appréciation » et lui servent de guide.

42 a. — Travaux préparatoires. — Les *travaux préparatoires* indiquent que le législateur a été quelque peu embarrassé pour définir la société secrète et a préféré se décharger de ce soin sur le juge.

La discussion eut lieu les 25, 26, 27 et 28 juillet 1848. Le citoyen Valette demanda que la société secrète fut définie.

Dans la séance du 26 juillet, le citoyen Baze déclara que c'était inutile : « on n'a pas besoin de mettre dans la loi ce qui est dans le vocabulaire le plus usuel ; ainsi, quand la loi dit : « sociétés secrètes », tout le monde sait ce que c'est » (4).

43. — On hésitait entre le mot *association* et le mot *société*. Ce dernier a été préféré. Le citoyen Coquerel, rapporteur, disait : « Nous avons cru que pour assurer la clarté de la loi, pour empêcher toute espèce

---

(1) Société secrète d'Annonay avec pratiques mystérieuses et conjuratoires, ᵥ, *Infrà*, n° 61.
(2) Sirey, 1878. 1. 336.
(3) Sirey, 1855, 1, 3?0.
(4) Séance du 26 juillet 1848. *Moniteur* du 27, p. 1775.

de doute et d'obscurité, il valait mieux nous en tenir à une expression déjà consacrée par l'histoire et appeler société secrète ce qui, en effet, est société secrète » (1).

44. — Constatons en passant que dans la langue ordinaire et dans l'histoire, auxquelles on nous renvoie, société secrète signifie une réunion de conjurés ou, comme l'écrit Littré, une « association de conspirateurs » (2).

45. — Le passage suivant du discours du citoyen Vergnes contient, sur le sens attaché à cette expression par les législateurs de 1848, d'utiles éclaircissements :

« Je dis que les sociétés secrètes ont un caractère qui les empêche d'être confondues avec les sociétés non publiques ou privées ; que ce caractère consiste précisément dans les *précautions prises pour garantir le secret nécessaire*, indispensable à cette société secrète, et que c'est là ce qui fait précisément que la société secrète à un caractère particulier : c'est en ce qu'elle *cache ou dissimule son existence ou son but*. Voilà ce que c'est que la société secrète.

» Maintenant, est-il nécessaire d'inscrire une telle disposition dans les lois ? Non, je ne le pense pas, parce que précisément cette définition ressort tellement de la nature des choses, des termes employés, que véritablement son inscription dans la loi ne serait qu'une espèce d'injure de la part du législateur à l'intelligence du magistrat. Ainsi, il suffit de dire société secrète pour qu'il soit bien expliqué que la société n'est secrète, dans le sens légal de la loi, que lorsqu'elle organise le *secret de ses délibérations et de ses discussions* pour qu'il soit inutile d'inscrire un semblable principe qui ressort naturellement des termes eux-mêmes.

» Je crois en dernière analyse qu'il est inutile d'inscrire une semblable définition, mais je crois qu'il était nécessaire de le dire ; enfin, il me semble utile d'éclairer le véritable sens du mot employé dans

---

(1) Séance du 27 juillet 1848. *Moniteur* du 28, p. 1783.
(2) Littré. Dictionnaire, voir *Société*, 8°.

la loi. Je crois donc qu'on doit maintenir purement et simplement le texte, parce que cela ne présente aucun danger, *parce que toute société dont l'existence sera notoire*, dont le but sera apparent et connu, ne présentera aucun danger et tombera pas sous l'application de la loi » (1).

46 b. — Doctrine. — La *doctrine* n'a pas émis sur le sujet des vues approfondies. L'intention déclarée du législateur de ne pas donner de formule de ce délit spécial ne permettait guère une exégèse développée.

Cependant il convient de citer l'opinion de M. Blanche, ancien avocat général.

« La société est secrète, dit ce criminaliste, quels que soient son but et son esprit, par cela seul *qu'elle opère en cachette et qu'elle ne se révèle qu'à ses affiliés* (2). »

47 c. — Jurisprudence. — La *jurisprudence*, sans formuler sur la société secrète une définition, intentionnellement omise par le législateur, a néanmoins indiqué quelques caractères qu'elle devait nécessairement présenter pour être délictueuse.

La Cour de cassation s'est exprimée ainsi dans son célèbre arrêt de 1849 :

« Attendu que de ces faits il résulte, suivant le dit arrêt que la « Solidarité républicaine », indépendamment du but avoué dans les statuts, en avait un autre qui est resté secret, *qui n'était connu que des affiliés et que l'instruction seule a fait découvrir*. » (Cass. crim. 13 déc. 1849) (3).

---

(1) Séance de l'Assemblée nationale du vendredi 28 juillet 1848. *Moniteur* du 29.

(2) *Étude pratique sur le Code pénal* t. IV, n°ˢ 431 et 434. — Cf. ce que dit sur le Code pénal allemand de 1870 sur les sociétés secrètes :

« Art. 128 : La participation à une association dont *l'existence, l'organisation* ou le *but* doivent rester *secrets*, ou dont les *les membres s'engagent à obéir à des chefs inconnus*, ou à obéir aveuglément à des chefs connus, emportera à l'égard des membres de l'association la peine de l'emprisonnement pendant six mois au plus et à l'égard des fondateurs et des chefs un emprisonnement d'un mois à un an.

(3). Sirey, 1850, 1, 159.

48. Cette doctrine a été suivie par les cours d'appel :

C. Aix, 26 déc. 1874; D. 74, 2, 23.

« Att. qu'une société est secrète, abstraction faite de son esprit et de son but par cela même qu'elle opère en cachette, ne se révélant qu'a ses seuls affiliés ;

» Att. qu'une association, sa formation eût-elle été annoncée publiquement, peut être considérée comme une société secrète, *si, en dehors de son but avoué, elle en a un autre qui est resté secret,* N'ÉTANT CONNU QUE DES AFFILIÉS, ET QU'UNE INSTRUCTION JUDICIAIRE SEULE A FAIT DÉCOUVRIR : que ces principes vrais pour l'association dont la formation a été annoncée publiquement sont plus exacts encore pour celle dont la formation et l'existence sont toujours demeurées dans l'ombre ; — Att. que l'association poursuivie, loin d'avoir été révélée à l'autorité publique, s'est au contraire toujours dissimulée soigneusement à quiconque n'était pas son affilié ; QUE L'INFORMATION SEULE L'A FAIT DÉCOUVRIR ET EN A RÉVÉLÉ LE BUT. »

49. — Ainsi, points qui se recommandent à l'attention du magistrat, pour qu'il y ait société secrète tombant sous l'application de la loi, il faut :

1° Que la société ait un autre but, que celui qu'elle avoue ;

2° Que ce but soit caché à tous et révélé seulement à ses affiliés ;

3° Que son secret enfin n'ait été découvert que par l'instruction judiciaire.

50. *d.* — **Histoire judiciaire des Sociétés secrètes. — Précédents.** — *L'histoire judiciaire* des sociétés secrètes fournit, par la comparaison, de précieuses indications pour reconnaître en quelle occurrence la qualité de secrète a été attachée par les tribunaux à une société. C'est une source à laquelle le législateur de 1848 a lui-même recommandé de recourir pour comprendre la portée de la terminologie qu'il employait (1).

---

(1) Voir *supra*, n° 43, l'opinion du citoyen Coquerel, rapporteur du décret du 28 juillet 1848.

Nous avons pris nos exemples aux différentes époques de l'histoire, nous attachant surtout à ceux postérieurs au décret de 1848.

51. — **1816**. — *L'affaire de l'épingle noire* (Société formée dans le but de délivrer la France et le roi du joug de l'étranger). Les affiliés étaient soumis à des cérémonies mystérieuses et prêtaient un serment qui se terminait par cette formule : « Si j'ai la lâcheté de trahir mes serments je voue ma tête à la mort. » Ils se reconnaissaient à l'aide d'une épingle noire fixée à la cravate.

52. — **1836**. — *Affaire de la Société des familles*. — MM. Blanqui, Barbès et Martin Bernard furent condamnés à l'occasion de cette Société secrète.

Elle était organisée d'une façon mystérieuse. La réception ne consistait pas dans une simple adhésion aux statuts. L'adepte était soumis à une enquête préliminaire sur sa vie et ses opinions; recevait avis quand le résultat lui était favorable de se tenir prêt à l'instruction. Le sociétaire qui le présentait allait le prendre, le conduisait dans un lieu inconnu et ne l'introduisait qu'après lui avoir bandé les yeux. Trois hommes formaient le jury d'examen : un président, l'assesseur, l'introducteur. Le président prononçait cette formule :

« Au nom du Comité exécutif, les travaux sont ouverts; citoyen assesseur, dans quel but nous réunissons-nous? Pour travailler à la délivrance du peuple et du genre humain. — Quelles sont les vertus d'un véritable républicain ? La sobriété, le courage, la force, le dévouement. — Quelles peines méritent les traîtres? La mort. — Qui doit l'infliger? Tout membre de l'association qui en a reçu l'ordre de ses chefs. »

Le président posait alors au récipiendaire une série de questions parmi lesquelles : Que penses-tu du Gouvernement? Quel est le droit en vertu duquel il gouverne? Faut-il faire une révolution politique ou une révolution sociale? etc., etc.

Le récipiendaire, après avoir répondu, prêtait serment de ne révéler à personne, pas même à ses proches parents, le secret de l'association, d'obéir à toutes les lois, de poursuivre de sa vengeance les traîtres qui se glisseraient dans les rangs de la Société, d'aimer et de servir ses frères, de sacrifier sa liberté et sa vie. Il recèvait un nom de guerre et était débarrassé de son bandeau.

Son parrain qui était son chef immédiat achevait de le pénétrer de ses devoirs : se fournir de poudre et de munitions, obéir à tous les ordres qui lui seraient donnés, garder une discrétion absolue, et faire de la propagande.

Malgré les précautions dont ils s'entouraient, la police découvrit, rue de Lourcine, une maison où les conspirateurs avaient établi une fabrique de poudre. Arrêtés en mars 1836, ils furent condamnés à des peines de prison (2 ans, 1 an et moins).

58. — **1839**. — *Affaire de la Société des Saisons*. — Cette Société secrète était ainsi organisée : 6 membres sous les ordres d'un septième, appelé *Dimanche*, formaient une *semaine*, quatre semaines commandées par un *juillet* formaient un *mois*; trois mois obéissaient à un chef de *saison*, nommé *printemps*, quatre saisons à un agent révolutionnaire. Une *année* formait un bataillon. Chaque soldat ne connaissait que les membres de la *semaine* ou tout au plus du *mois* auxquels il appartenait.

La Société fonctionnait dans le plus grand mystère. Des revues générales étaient, de temps en temps, passées par les agents révolutionnaires d'après le procédé suivant. On choisissait quelque rue longue et semée d'aboutissants, par exemple la rue Saint-Honoré. Les hommes étaient disséminés sur toute la longueur, dans les rues latérales, classés par familles, les chefs seulement se tenaient au bord de la ligne principale attendant l'agent ; celui-ci trouvait ainsi à chaque coin de rue un chef qui lui rendait compte de l'effectif de sa troupe et du nombre des manquants. Comme le formulaire de réception enjoignait à chaque membre d'être toujours prêt, l'avertissant qu'il serait appelé au combat sans avis préalable, les *saisons* pouvaient croire à chaque convocation qu'il s'agissait de prendre les armes ; ensuite, par l'exactitude que chacun mettait à répondre à l'appel, les chefs se fixaient sur le nombre d'hommes à mettre en ligne.

D'après les statuts de la Société, les affiliés ne devaient pas faire
de dépôt d'armes ni de munitions, quelques membres transgressè-
rent cette défense. Des arrestations furent opérées; l'organisation
était tellement secrète que seuls les individus arrêtés en flagrant
délit furent compromis. La police ne put aller au delà.

Cette association opéra le mouvement insurrectionel du 12 mai
1839. Sous les ordres de Blanqui, Barbès, les postes militaires du
Palais de Justice, de la mairie du septième arrondissement furent
emportés, après de vives fusillades. La garde municipale se rendit
maîtresse de l'émeute. Barbès, Blanqui et les autres chefs furent
arrêtés. Barbès fut condamné à mort le 27 juin 1830. Sa peine fut
commuée en déportation. Blanqui et plusieurs autres subirent le
même sort, à la suite d'une comparution ultérieure devant la Cour
des pairs.

54. — **1849**. — *Affaire de la Solidarité républicaine.* — Cette
association avait pour objet d'après l'article 1 de ses statuts d'assurer
par les moyens légaux le maintien du Gouvernement républicain et
le développement pacifique et régulier des réformes sociales qui
devaient être le but et la conséquence des institutions démocratiques.

Mais des instructions émanées de M. Martin Bernard, président
du Comité central, révélaient un autre but. « La bataille peut se
présenter demain pour nous; il est important que la victoire ne
nous prenne pas au dépourvu. A nos yeux, la solidarité doit nous
mettre à même d'organiser dès à présent le gouvernement révolutionnaire... Voilà comme nous entendons opérer après une révolution nouvelle promulguant la déclaration des droits et la Constitution de 1793 légèrement modifiée : provisoirement une dictature
révolutionnaire, résumée dans le comité de salut public et s'appuyant
sur le comité consultatif composé d'un délégué de chaque département. La liste de la Solidarité complèterait l'organisation politique,
et des décrets suffiraient pour donner à la révolution toute la force
dont elle aurait besoin. Tout cela se fait et se prépare ; ne crai-
gnons rien. »

A Paris, le Conseil général une fois constitué, est divisé en huit comités de cinq membres chacun, correspondant par leurs dénominations aux différents départements ministériels. Il y avait le comité de l'intérieur, de la guerre, de la marine, de la justice, de l'extérieur, des finances, de propagande (instruction et cultes), des associations (agriculture, commerce et travaux publics). Le 13 janvier 1849, une commission exécutive de 10 membres était instituée sous la présidence de Martin Bernard. D. Delescluze était secrétaire. A la fin de janvier, le Conseil général de Paris avait confirmé les nominations de bureau de 88 comités, disséminés sur tous les points de la France. Le 29 janvier 1849, Pillette, membre du Conseil, signant pour le secrétaire général, écrivait à un sieur Furet délégué de Rouen. « Dans ce moment, Paris est dans la plus anxieuse attente des évènements qui peuvent surgir des débats parlementaires. Les troupes s'échelonnent partout. Des masses encombrent tous les points ; le meilleur esprit les anime. Notre devoir est tracé. De votre côté, vous savez ce que nous espérons de vous : vigilance et courage. »

Dans ces circonstances des poursuites furent dirigées contre les fondateurs de la Solidarité républicaine inculpés : 1° d'avoir formé un complot dans le but de renverser le Gouvernement ; 2° d'être affiliés à une société secrète ; 3° d'avoir assisté à des réunions politiques non publiques et non autorisées.

Les 2 derniers chefs seuls furent retenus par arrêt de la chambre des mises en accusation du 26 octobre 1849. Le pourvoi contre cet arrêt fut rejeté par la Cour de cassation (Ch. crim.) le 13 décembrs 1849.

Nous réservons, pour le paragraphe relatif à la jurisprudence, la théorie de la Cour de Cassation sur la Société secrète. Ici, où nous consultons les précédents, seulement au point de vue du fait, nous relevons les circonstances retenues par l'arrêt de 1849 : « Attendu que l'arrêt attaqué constate que, d'après l'article premier des statuts, la Solidarité républicaine était fondée pour assurer par tous les moyens légaux, le maintien du Gouvernement républicain et le développement des réformes sociales, tandis que *les registres de la Société*

*renferment des lettres adressées du Comité central, dont le siège est à Paris,
aux affiliés des départements,* dans lesquelles on leur dit que *l'objet de
la* « Solidarité républicaine » est *de revenir à un 24 février plus
complet, d'organiser, dès à présent, le Gouvernement révolutionnaire, de
substituer, après une nouvelle révolution, au Gouvernement actuel et provisoirement une dictature révolutionnaire résumée dans un Comité de salut public,*
et de remplacer la Constitution par la déclaration des Droits de
l'Homme et par la Constitution de 93 légèrement modifiée. »

On le voit, l'objet de la Société, tel que le constate la Cour
suprême était d'organiser à l'avance un Gouvernement destiné à
remplacer le Gouvernement en fonction dont le renversement était
formellement poursuivi.

Bien que l'accusation de complot ait été écartée, c'est néanmoins
parce que l'existence du complot était démontrée que la Cour de
cassation estimait qu'il se rencontrait dans l'espèce des éléments
du délit de Société secrète.

55. — **1852.** — *Affaire de la Société secrète de la rue de la Reine-
Blanche* (1). — Préparatifs d'une insurrection matérielle par une
Société secrète. Treize personnes sont arrêtées en flagrant délit de
fabrication d'armes de guerre dans une maison inhabitée de la rue
de la Reine-Blanche (quartier Mouffetard). — Elles sont condamnées
par jugement du 18 septembre 1852.

56. — **1853.** — *Affaire du Complot de Vincennes et de la Ligue fédé-
rale.* (1) Des perquisitions opérées chez plusieurs personnes aux
opinions légitimistes bien connues, notamment chez M. Jeaume,
papetier, passage Choiseul, amenèrent la découverte d'emblèmes
royalistes, décorations, brevets d'officiers. La correspondance saisie
cache les décrets de l'Association sous des expressions commerciales :
le *patron* signifie le comte de Chambord ; par *marchandises, articles,
commis,* on entend les adhérents ; par *concurrence,* le socialisme et

---

(1) Fermé. *Les Conspirations sous le second Empire.* Paris, 1869.

(1) Fermé. *Loc. cit.*

l'orléanisme ; par *ouverture de magasins*, le jour de l'action. Condamnation par jugement du 12 août 1853.

57. — **1854**. — *Affaire du cordon sanitaire, de la Société des Écoles et de la Société des Deux-Cents* (Complot de l'Hippodrome et de l'Opéra-Comique). — Un première affaire dans laquelle divers individus étaient accusés d'attentat ayant pour but d'assassiner l'empereur et de détruire et changer le gouvernement était venue devant la cour d'assises de la Seine. L'instruction révéla que les accusés, après concert préalable, s'étaient postés deux fois sur le passage de l'empereur à l'Hippodrome et à l'Opéra-Comique pour l'assassiner. Par arrêt du 16 novembre 1854, ils furent condamnés à des peines diverses, depuis trois ans d'emprisonnement jusqu'à la déportation.

Ces individus furent repris devant le tribunal correctionnel sous prévention du délit de société secrète ayant le but indiqué plus haut. Ces sociétés s'appelaient le *Cordon sanitaire*, la *Société des Écoles* et la *Société des Deux-Cents*. Leurs membres furent condamnés par jugement du 16 janvier 1854 à la peine de l'emprisonnement.

58. — **1855**. *Affaire de la Marianne*. — M. Riotteau a été condamné pour avoir pris part à la constitution de cette société. La Cour de cassation rejette son pourvoi.

Qu'est-ce que c'était que la Marianne ? C'était une société secrète des départements de l'Ouest fondée dans le but de renverser le gouvernement de l'empire et de proclamer la République. Elle recenaît le mot d'ordre d'un comité démocratique européen, établi à Londres et à la tête duquel étaient Ledru Rollin et Mazzini.

L'initiation était accompagnée de cérémonies mystérieuses. L'initié présenté par un parrain était conduit dans un lieu désert, on lui bandait les yeux, puis il prêtait serment de courir aux armes au premier signal pour restaurer la République. Il était ensuite initié aux signes et aux mots de reconnaissance.

Les signes consistaient à donner trois coups de pouce sur la première phalange de l'index, puis à saluer de la main gauche, à porter le pouce sur le front et à le descendre sur la poitrine en passant sur le cœur.

La formule de reconnaissance était la suivante :

D. — Connaissez-vous Marianne? R. de la Montagne.

D. — L'heure? Elle va sonner.

D. — Le droit? Au travail.

D. — Le suffrage? Universel.

D. — Dieu nous voit? Du haut de la montagne.

D. — Le lion? Le lion.

Des perquisitions chez les afiliés firent découvrir des fusils, des munitions, des canons construits avec des boites d'essieu.

Des poursuites eurent lieu à Tours contre soixante-six prévenus; à Angers, contre vingt et un prévenus; à Paris contre quarante-cinq. MM. Delescluze, Tilleul, Marchaès, Closmaduc; ils furent condamnés à des peines d'emprisonnement. (Cassation crim., 28 décembre 1855.)

59. — **1861.** — *Affaire de la Société des Crocodiles.* — Après l'amnistie de 1858, M. Blanqui rentre en France, il ne tarde pas à former une société secrète. On trouve dans les papiers de Blanqui des formules pour la fabrication du fulmi-coton et d'encre sympathique écrites de sa main. La Société était formée entre réfugiés et avait pour but le renversement par la force du Gouvernement. M. Blanqui est condamné à quatre ans de prison en 1861.

60. — **1871.** — *Affaire de la Société de l'Internationale, à Marseille.* — Les sieurs Brayer et Chauvin ont été condamnés pour avoir fait partie d'une société secrète dont le caractère criminel a été jugé assez grave pour faire l'objet de la loi spéciale du 14 mars 1872. Cette association avait pour but, suivant la définition de la loi précitée, de provoquer à la suspension du travail, à l'abolition du droit de propriété, de la famille, de la patrie et de la religion. (Cassation crim., 9 novembre 1871.)

61. — **1874.** — *Affaire de la Société d'Annonay.* — Association, dans le but permanent, d'imprimer la direction et de conduire le mouve-

ment républicain démocratique dans cette ville. Les réunions étaient secrètes à onze heures du soir, dans des auberges isolées de la banlieue. « Pour mieux dérober à la vigilance de l'autorité l'existence de l'association et la tenue des réunions, ils s'y rendaient et en revenaient en groupe de trois ou quatre personnes se succédant à distance. » — « Quiconque n'était pas du nombre des affiliés était sévèrement exclu de ces assemblées pour lesquelles des précautions minutieuses étaient prises, afin que nul ne put savoir ce qui se faisait, entendre ce qui se disait. » Condamnation par la Cour d'Aix, 26 décembre 1874.

62. — **1877**. — *Affaire de Lavaveix-les-Mines*. — Il s'agissait d'une société secrète fonctionnant dans un grand centre industriel et dont faisait partie un nombre important d'ouvriers. L'initiation était accompagnée de cérémonies destinées à effrayer le candidat. On le conduisait en pleine campagne, les yeux bandés, dans un bois. Un personnage inconnu mettait à l'épreuve sa foi républicaine. On lui faisait croire qu'il était entouré de royalistes et de bonapartistes et qu'il allait courir un grand danger s'il ne reniait pas ses croyances politiques. La Cour relève que la société a été secrète et politique. (Cassation crim., 23 février 1877.)

63. — Envisageons maintenant le cas de la Ligue des Patriotes à l'aide des éléments d'appréciation fournis par les sources positives où nous venons de puiser : travaux préparatoires, doctrine, jurisprudence, histoire et précédents.

64. — **La Ligue des Patriotes au point de vue des travaux préparatoires.**

La Ligue n'est ni une réunion de conjurés, ni une « association de conspirateurs ». La démonstration est faite par la prévention elle-même. Si cette association avait eu un tel caractère, elle aurait commis les crimes d'attentat ou de complot dans le but de détruire ou de changer le gouvernement. Elle serait tombée sous le coup des articles 87, 89, 91 du Code pénal, et aurait été renvoyée devant la Cour d'assises. Or, la prévention ne relève pas cette incrimination contre les inculpés.

La Ligue n'a pas caché son existence ni son but. Elle a été fondée en 1882 ; jusqu'en 1887, des membres du gouvernement en ont fait partie. Ses statuts primitifs ont été publiés ; ses statuts, modifiés en 1888, l'ont été également. La publicité la plus large a accompagné tous ses actes.

65. — La Ligue des Patriotes au point de vue de la doctrine. — La Ligue « n'opère pas en cachette » et elle ne « se révèle pas qu'à des affiliés ».

En outre de ce que nous venons de rappeler, la prévention constate elle-même qu'en juin 1888, l'article premier des statuts, qui donnait à la Société pour but la revision du traité de Francfort et la restitution de l'Alsace-Lorraine à la France, a été augmenté de cette phrase : « la réforme des institutions républicaines ».

Le réquisitoire reconnaît d'ailleurs que « *M. Déroulède ne faisait pas mystère de ses projets.* »

Cet aveu est décisif au point de vue de la Société secrète, qui n'existe que si les choses procèdent souterrainement.

Disparaît encore cette condition de révélation exclusive à des affiliés, puisque la Ligue, par l'organe de son président, annonçait bien haut ses projets. Ajoutons qu'une presse nombreuse les répétait tous les jours, à satiété, au public.

66. — La Ligue des Patriotes au point de vue de la jurisprudence. — Il faut que le but, autre que le but avoué, n'ait été connu que des affiliés et que *l'instruction seule l'ait fait découvrir.*

Or, le but additionnel de la Ligue depuis juin 1888, « la réforme des institutions républicaines », a été ouvertement expliqué, les moyens pour y parvenir publiquement répétés.

L'instruction n'a rien fait découvrir que la Ligue n'ait annoncé et publié.

67. — La prévention reconnaît que, de 1882 à la fin de 1888, la Ligue n'a pas été une Société secrète. Elle ne l'aurait pas été non plus pendant toute la période électorale de janvier 1889.

Ce n'est qu'en février 1889 que cet état aurait pris naissance.

L'ordonnance du juge d'instruction dispose, en effet, que M. Déroulède est prévenu « d'avoir, *en 1889*, fait partie d'une Société secrète » ; le réquisitoire admet que, jusqu'au 27 janvier 1889, la publicité a pénétré les différents actes de la Ligue.

68. — **Période où la Ligue n'est pas réputée Société secrète.** — Quel est le *secret* que fait apparaître l'instruction, et qui n'aurait été connu que des affiliés seuls ?

1° Ce n'est pas « *l'appel aux patriotes de France* » où le comité protestait contre la Constitution « usurpatrice » de 1875 et la nécessité de délivrer la France du joug « de l'oligarchie qui l'avilit et qui la ruine ». Le réquisitoire constate que « cet appel au renversement des pouvoirs publics fut *imprimé et répandu par la propagande.* »

Donc, il n'a pas été secret.

De plus, il est du 19 mai 1888, soit d'une période où la prévention admet que la Ligue n'était pas une Société secrète.

69. — 2° Ce n'est pas *la formule d'adhésion* dont le réquisitoire donne un extrait.

Ce document *imprimé* a été répandu dans les mêmes conditions : en outre, il est de 1888, période innocente.

70. — 3° Ce n'est pas la *nouvelle organisation départementale*. Le réquisitoire indique que des comités locaux auraient été créés devant correspondre fréquemment avec l'administration centrale et accepter absolument sa direction morale.

71. — Le fait pour une association d'avoir des ramifications en province, de s'entendre avec des comités, de grouper des adhérents,

dé leur donner une inspiration politique n'est pas délictueux, et n'implique nullement la caractère de société secrète.

Nous en prenons un exemple dans les renseignements publiés par le *Journal des Débats* du 29 mars 1889, sur l'organisation de l'Union libérale, à la tête de laquelle sont des hommes considérables et des jurisconsultes de la plus grande autorité :

Le comité de l'Union libérale, dont nous avons publié dernièrement la déclaration, s'occupe activement de classer les *nombreuses adhésions qui lui sont venues de tous les points de la France* et de répondre à la formidable correspondance qui lui est adressée.

Des *comités fondés sur les mêmes principes sont en formation à Lyon, à Bordeaux et dans plusieurs autres grandes villes de France.*

A Paris, l'organisation se poursuit avec activité : *les adhérents de chaque circonscription électorale sont mis en rapport les uns avec les autres,* de telle façon que les candidatures puissent être choisies avec entente et discernement. Car le comité de l'Union libérale paraît résolu à présenter des candidats dans toutes les circonscriptions électorales de la Seine. La lutte ne l'effraye point, même là où il a le moins de chances, parce qu'il veut, avant tout, prouver son énergie et sa vitalité.

Les mêmes considérations ont fait décider l'organisation d'un *grand banquet* qui aura lieu prochainement à Paris. *Toutes les circonscriptions électorales de Paris et la plupart des départements y seront représentés.* Des discours seront prononcés. Non seulement le but et la doctrine de l'Union libérale seront de nouveau proclamés, mais les orateurs diront hardiment leur plan de campagne, ce qui a été fait et ce qu'on se propose de faire.

La même organisation et la même tactique seront ensuite étendues aux départements. Des *délégués* iront successivement présider des banquets politiques et prononcer des discours dans toutes les villes importantes. Le comité, 9, rue Baillif, s'occupe d'ailleurs, dès maintenant, de *l'organisation électorale des circonscriptions des départements.*

Nous pouvons ajouter que le comité a définitivement fixé la date du banquet : il aura lieu le mercredi 15 mai.

Vous ferons connaître ultérieurement l'endroit où il aura lieu, le prix des cotisations et l'ordre des discours qui seront prononcés.

72. — En tout cas, un tel ordre de choses peut confiner à l'article 291 du Code pénal, mais n'a rien de commun avec la société secrète.

Enfin, toute cette organisation, comprenant la mise en train des comités divisionnaires de Paris, était constituée et fonctionnait en 1888, puisque le comité directeur de la Ligue rendait compte de cette situation le 24 août 1888. Or, il est admis par la prévention que les actes de la Ligue en 1888 n'ont rien de commun avec la société secrète.

73. — Période électorale. — 4° Ce ne sont pas les différents *actes de la période électorale du 27 janvier 1889 ;*

Les efforts, dans les réunions publiques, pour enlever un vote favorable, les « proclamations affichées avec prodigalité », l'intervention des ligueurs le jour même du vote, tous ces actes, au point de vue du droit positif, sont innocents. C'est l'exercice du droit électoral, chaque parti lutte par les mêmes armes ; c'est l'usage même de la liberté politique dans son élément le plus précieux, l'électorat.

Toutes ces manifestations de la lutte politique ne touchent d'ailleurs ni de près ni de loin au délit de société secrète. Le bruit, la publicité sont de leur essence. Elles ne relèveraient, en cas d'excès, que des lois électorales.

Le réquisitoire le reconnaît expressément : « Après l'élection du 27 janvier se termine ce qu'on pourrait appeler la seconde phase de l'existence de la Ligue, au cours de laquelle elle avait poursuivi *ouvertement par la propagande et le bulletin de vote le renversement des institutions établies.* »

73 bis. — Période réputée délictueuse. — Les « 28 jours » de la société secrète. — Arrivons aux deux documents visés par le réquisitoire comme appartenant directement à la période qu'il estime être pour la Ligue celle de la société secrète (2 février-29 février 1889). Ce que l'on pourrait appeler « *les vingt-huit jours de la société secrète* », si le pittoresque de l'expression ne devait pas être exclu d'une discussion juridique.

C'est sur ces deux documents seulement que le réquisitoire base la prévention de société secrète.

Ils sont seuls visés par le ministère public.

Aucun témoin à charge n'a été cité par lui.

Circonstance incroyable dans l'histoire judiciaire des sociétés se-crètes, surtout quand les adeptes se comptent par centaines de mille, personne n'a été trouvé qni puisse confirmer les allégations de la poursuite! Quarante témoins sont venus à l'audience (1) affirmer au contraire que les assemblées de la Ligue étaient publiques à ce point que des étrangers, des femmes, des enfants y assistaient; que le premier curieux venu y pénétrait, et que là, devant ce cénacle, composé par le hasard, il était donné à tous lecture et commentaire des documents réputés secrets par la prévention.

74. — Instructions de février 1889. — Ces « Instructions » sont destinées à relier les ligueurs entre eux à l'aide, dit le réqui-sitoire, « d'une hiérarchie remontant par degré de simple ligueur au chef de rue, au chef de section, au chef de quartier, au chef d'arrondissement et au comité directeur. » La prévention reproduit la fin du document : « En résumé, le service devra être assuré de telle façon qu'en deux heures tous les ligueurs de Paris puissent avoir entre les mains le même avis »; et elle ajoute : « Les lignes qu'on vient de lire suffiraient à prouver qu'il s'agissait là, suivant l'expression même du document auquel elles sont empruntées, d'une véritable « mobilisation » ayant un tout autre but qu'une action électorale. »

73. — En droit, il faut dire que le but du document, fût-il ré-préhensible, serait indifférent; que l'unique question est de savoir s'il est resté secret. Empressons-nous d'ajouter que ce but est reconnu innocent par la prévention, puisqu'elle ne relève pas contre ceux qui le poursuivent, le crime de complot.

75 *bis*. — Mais le mécanisme, mis au service du but, n'est pas demeuré secret.

La prévention a bien senti l'objection. Elle a tenté d'aller au-

(1) Ce mémoire n'a été clos qu'après les dépositions des témoins à l'audience du Tribunal correctionnel de la Seine (8ᵉ chambre), du mardi 2 avril 1889.

devant. « Il serait difficile, dit-elle, de prétendre, comme il semble
que les inculpés en aient l'intention, qu'il y avait seulement la
reproduction perfectionnée de l'organisation mise en œuvre le 27
janvier. » — « Il est manifeste qu'après avoir fait de la Ligue un
instrument électoral, on voulait en faire un instrument insurrectionnel. »

76. — Écartons de suite l'intention « de faire un instrument
insurrectionnel. » Le réquisitoire en ne visant ni l'article 87 ni l'article 293 du Code pénal a reconnu que ce terrain n'était pas celui
de la prévention.

77. — L'organisation, sur laquelle s'appuyaient les « Instructions »
était préexistante à la date qu'elles portent. Elle avait été créée telle
qu'elle était décrite dans ce document, même antérieurement à la
période électorale. Le réquisitoire ne l'ignore pas. « *Pour donner aux
cadres plus de solidité*, ils les doublèrent. » Donc, les « Instructions »
s'occupaient d'un mécanisme, que l'on ne retient pas comme élément
de la société secrète, puisqu'il remonte à une période où il est
admis que la Ligue n'avait pas ce caractère (1888).

78. — Point important. Ces « Instructions », d'ailleurs, ont été
arrêtées, rédigées et imprimées **avant** *le 27 janvier 1889*, c'est-à-
dire dans la période innocente.
Le Tribunal remarquera que le mot « février » n'est pas de la
même écriture que le corps de la circulaire.
La circulaire était antérieure ; on a ajouté *février* au moment de
s'en servir.

78 *bis*. — Ajoutons, que les « Instructions » ont été *autographiées*.
Leurs dispositions essentielles ont été reproduites par le journal *la
Presse* (voir *le Matin* du 30 janvier 1889 ; collection du journal *la
Presse* janvier et février 1889).

79. — De plus, elles ont été lues, expliquées et commentées dans
de nombreuses réunions à Paris, dans la banlieue, d'un caractère

véritablement public ; car tout le monde y pouvait entrer, non seulement les membres de la Ligue, au nombre, à Paris, de 230,000, mais encore toute personne présentée par eux, et les dames. (Voir collection de *la Presse* de février 1889.)

80. — **Documents saisis chez M. Apté.** — Le réquisitoire fait grand état d'un document saisi chez M. Apté, membre de la Ligue et chef d'arrondissement (pièce n° 222).

Il s'agit, non d'une circulaire autographiée, mais d'un simple brouillon de discours, tracé sur une feuille de papier ordinaire ; l'écrivain a esquissé le plan d'une allocution à prononcer devant une assemb'ée générale. Le style n'en est pas châtié ; il est même parsemé d'expressions violentes. Mais le ton est certainement au-dessous de celui où sont rédigés tous les jours nombre d'articles de journaux de tous les partis, et que le Parquet n'a jamais songé à poursuivre. Il n'y a rien de plus que des notes prises en vue d'une allocution personnelle (1) ; c'est là un acte du domaine privé qui ne tombe sous l'application d'aucune loi.

81. — Ce document fait allusion à l'organisation de la Ligue. Il ne contient sur ce point rien de nouveau, et ne fait que répéter les indications portées dans la circulaire de (février) 1889, sur le

---

(1).   « Paris, le 31 mars 1889.
» Monsieur le Rédacteur,

» La rédaction ambiguë du réquisitoire de M. le procureur de la République, et le mélange habilement fait par lui de citations empruntées tour à tour, les unes aux instructions envoyées par notre cher Président et ami Paul Déroulède, les autres à un discours préparé par moi, expliquent suffisamment l'erreur dans laquelle votre bonne foi s'est laissée surprendre.

» L'absolue vérité est qu'il n'y a eu de ma part ni proclamation, ni circulaire, mais bien une simple allocution, dont l'unique exemplaire a été saisi *sur mon bureau*, chez moi, et nullement au siège central de la Ligue des Patriotes.

» Convaincu que vous ne me refuserez pas l'insertion de cette rectification aussi importante pour ma dignité personnelle que pour la défense des chefs de la Ligue, je vous prie de vouloir bien agréer, monsieur le rédacteur, etc.

» Capitaine APTÉ,
» Président du Comité de la Ligue
des Patriotes du XV° arrondissement. »

(*Figaro*, 1ᵉʳ avril 1889).

compte de laquelle nous venons de nous expliquer. Il indique même que les appels seront faits par *la voie de la presse.*

82. — Ce document, sans valeur juridique en lui-même, ne saurait être retenu contre les inculpés par les raisons suivantes :

1° Il n'émane pas du comité directeur de la Ligue et n'a reçu, sous aucune forme, son approbation ;

2° Il ne porte la signature d'aucun des prévenus, et le réquisitoire n'allègue même pas qu'aucun d'eux l'ait inspiré.

3° Il est tellement inoffensif en lui-même que son auteur, M. Apté, qui en est seul responsable, n'est pas poursuivi ;

4° M. le procureur général lui-même, y a attaché si peu de valeur, au point de vue de la prévention, qu'après avoir cité plusieurs documents et en avoir donné d'assez longs extraits, il ne mentionne même pas les pièces saisies chez Apté, dans sa requête à fin d'autorisation de poursuite à la Chambre et au Sénat. Or cette requête est du 10 mars, et la saisie chez Apté ayant eu lieu, huit jours auparavant, la pièce incriminée était sous les yeux de ce magistrat.

83. — **La Ligue au point de vue des précédents judiciaires.** — La Ligue n'a jamais ressemblé aux sociétés secrètes que les tribunaux ont condamnées.

Le tribunal voudra bien se reporter aux précédents, (n°s 50-62).

La Ligue s'est fondée, et elle a fonctionné au grand jour. Sa propagande s'est faite par les réunions publiques, la presse, la distribution d'imprimés.

Elle a été une société ouverte à tous ; il suffisait de manifester son désir d'y entrer, pour en être membre et connaître tout ce qui se passait.

Chez la Ligue, pas d'initiation, de cérémonies mystérieuses, de signes de ralliement, de formules plus ou moins cabalistiques, de terminologie à sens caché, pas de doctrine ésotérique réservée aux seuls adeptes. Rien qui la rapproche même de loin de la franc-maçonnerie, dont les rites et les mystères s'accomplissent sous la protection de l'Administration, et qui compte dans ses rangs même des magistrats.

84. — Manque également la véritable caractéristique des Sociétés secrètes politiques, le complot, se traduisant par des préparatifs insurrectionnels, la fabrication ou le dépôt d'armes et de munitions.

85. — Manque encore ce que relève la Cour de cassation, dans son arrêt de 1849, à propos de la « Solidarité républicaine » (n° 54), des appels émanant du Comité central, et se proposant « d'organiser un gouvernement révolutionnaire et substituer au gouvernement actuel une dictature et un comité de salut public ».

86. — La meilleure preuve que la Ligue n'a jamais concerté le renversement du gouvernement actuel et que son action politique n'a jamais été criminelle, c'est que, encore une fois, les crimes d'attentat ou simplement de complot ne sont pas relevés contre elle.

87. — La terminologie militaire de la Ligue n'est pas une charge contre elle. — L'allure militaire donnée à son organisation, les termes employés pour dénommer ses rouages, tout cet appareil un peu sonore, sont des circonstances sans importance, destinées à flatter le goût du public. Les locutions militaires sont entrées dans le langage courant depuis le service obligatoire. Le réquisitoire le constate avec une douce ironie : « cette sorte d'éducation qui avait pu paraître un peu affectée et puérile. »

Ce caractère militaire existe depuis le début. Le Parquet ne l'a jamais critiqué, de 1882 à janvier 1889.

D'autres associations ont une organisation de même caractère, de telle sorte que l'emprunt à l'armée de sa terminologie, de sa hiérarchie même, et de ses formules, est tout à fait innocent.

Nous rappelons, à titre d'exemple, l'*Armée du Salut*. Nous empruntons au *Journal des Débats*, du 29 mars 1889, le récit d'une de ses cérémonies :

Les Salutistes se sont réunis hier soir dans le hall de l'armée du Salut, 187, quai Valmy, pour célébrer le mariage du major Henri-Constant Jeanmonod, « *commandant de la division de Paris* » avec la « *capitaine* » Henny, « *du corps de Niort* ». La bénédiction nuptiale était présidée par le colonel Booth-Clibborn, « *chef d'état-major* », assisté de « *tous les officiers de l'état-major de Paris* ».

Au fond de la salle s'élève un gradin sur lequel sont échelonnés les *officiers de l'armée du Salut*. Les hommes occupent le bas du gradin et les femmes sont assises sur les rangs élevés. Les uns portent une écharpe rouge et les autres une écharpe blanche sur laquelle ont lit : « Consacrée ». Devant le gradin est une estrade surmontée de cette inscription : « Tout pour Dieu ». Un pianiste et un harpiste occupent un coin de l'estrade.

La salle est ornée de drapaux français, anglais, suisses, suspendus aux combles. Contre les parois sont placardées des pancartes portant ces mots : « Attention ! Prière de ne sortir que tandis que l'on chante. »

La salle est remplie de gens de toute condition, hommes, femmes, jeunes filles. Presque tous écoutent les discours avec une attention profonde, courbent la tête sur un signal et accompagnent les cantiques. Seules, quelques personnes attirées par la curiosité rient pendant la cérémonie et échangent d'un ton assez élevé des plaisanteries devant lesquelles les salutistes restent impassibles.

A huit heures, le *colonel*, les époux et leurs témoins prennent place sur l'estrade. Ils sont dans la *tenue ordinaire de l'armée du Salut*. Tout le monde se met à genoux et le *colonel* récite une prière, dans laquelle il appelle la bénédiction de Dieu sur la cérémonie. Cette prière est coupée à chaque instant par les *amen* des salutistes. Le *colonel* entonne ensuite un cantique que tout le monde chante avec lui et qu'accompagne la harpe et le piano. On entend :

> Nous voulons, doux Seigneur,
> Annoncer au pécheur
> Tes grands bienfaits...

« Il y a *un grand secret* dans ces paroles », dit le colonel. Une voix dans la salle répond avec conviction : « O yes ! »

Pendant près d'une heure les prières succèdent aux cantiques et les cantiques aux prières.

Les prières et les chants terminés, plusieurs *officiers* rendent compte de *leurs missions* dans le Midi, en Suéde, etc.

Enfin, les époux viennent se placer sur le devant de l'estrade, de chaque côté du colonel. *Un officier* tient la *bannière de l'armée du Salut* au-dessus de leurs têtes. Le *colonel* leur fait répéter après lui les formules consacrées, et échange les anneaux d'alliance. Puis le marié fait à l'auditoire le récit des événements à la suite desquels il a été gagné à l'*armée du Salut* et le récit de *ses campagnes*.

La mariée fait un récit semblable ; un des témoins, *un major*, engage les assistants à apporter leur obole à une quête en faveur des époux qui vont ouvrir à Belleville une salle de réunion ; de nouveaux cantiques sont chantés ; de nouvelles prières sont dites ; on appelle sur les jeunes époux les bénédictions du ciel et enfin l'assemblée se sépare en entonnant un dernier cantique sur l'air de *la Marseillaise.*

Le jour de Pâques, l'*armée du Salut* inaugurera un nouveau local, 3, rue Auber.

88. — Opinion de M. Buffet au Sénat sur le caractère de la société secrète de la Ligue. — M. Buffet se charge de conclure pour nous sur le chef de société secrète : « Il reste, disait l'honorable sénateur, il est vrai, un autre chef d'accusation. Celui de SOCIÉTÉ SECRÈTE. Eh bien, messieurs, si je n'éprouve pas la moindre sympathie pour la Ligue des patriotes dont le but primitif pouvait sans doute émouvoir de nobles cœurs, mais dont l'action même à cette époque m'a toujours paru beaucoup plus nuisible qu'utile et a été, en fait, très nuisible dans plusieurs circonstances, si je ne désapprouve pas moins son but électoral actuel, *je ne puis sérieusement considérer comme secrète, cette société extrêmement tapageuse, dont l'action consiste surtout dans le bruit incessant qu'elle fait. Non, franchement, il m'est impossible de l'admettre. Je n'ai pas besoin de faire une instruction pour être convaincu que ce* GRIEF N'EST VÉRITABLEMENT PAS SÉRIEUX » (1).

89. — Circonstances atténuantes.. — On a avancé qu'il n'y aurait pas lieu à appliquer actuellement l'article 463 du Code pénal aux sociétés secrètes, parce que l'art. 18 de la loi de 1848, qui le permettait, a été rayé par l'art. 1 du décret du 25 mars 1852 sur les réunions publiques.

90. — Cette opinion n'est pas la nôtre par les motifs suivants :

1° Le décret du 25 mars 1852 a été aboli par la loi des 6-10 juin 1868 sur les réunions publiques (art. 14) et la loi de 1868 a été remplacée à son tour par la loi du 30 juin 1881 sur la liberté de

---

(1) Séance du Sénat du 14 mars 1880, *Journal Officiel* 15 mars 1889, Sénat, p. 248, col. 2.

réunion. On ne peut donc consulter aujourd'hui pour l'interprétation de cette loi, qui résume notre état législatif en la matière, le décret de 1852 deux fois abrogé, et surtout en dernière analyse, par la loi de 1881.

Si l'on recherche l'intention du législateur de 1881, dernier venu sur la matière, il apparaît qu'elle est plutôt libérale que répressive.

90. — Le principe c'est qu'il y a lieu à application des circonstances atténuantes en toute matière correctionnelle.

En cette matière spéciale, la loi n'est pas restée muette.

L'article 18 de la loi du 28 juillet 1848 disposait que le bénéfice des circonstances atténuantes était acquis à toutes les infractions prévues par ladite loi, et par conséquent au délit des sociétés secrètes prévu par l'article 13.

91. — La loi des 6-10 juin 1868, qui a réglementé le droit de réunion, et par conséquent la matière même de la loi précitée, a appliqué l'article 463 aux délits qu'elle prévoyait.

92. — Enfin, et surtout, la loi de 1881 dit à son tour (article 11) que l'article 463 du Code pénal est applicable aux contraventions prévues par cette loi.

N'est-il pas légitime de soutenir, en s'attachant à la filiation des textes, que le décret du 28 juillet 1848, successivement aboli par les décrets de 1852, les lois de 1868 et 1881, n'a été conservé définitivement dans cette fraction de son article 13 que par la disposition spéciale de l'article 12 de la loi du 30 juin 1881, que dès lors le décret de 1848 participe de la nature et des effets de cette loi, qui est aujourd'hui son seul fondement.

Or, cette loi où il puise sa vitalité juridique est tout entière placée par le texte formel de son article 11, sous le bénéfice des circonstances atténuantes. Comment son article, immédiatement voisin, l'article 12, ne participerait-il pas du principe général posé par la loi?

Le refuser serait certainement méconnaître l'esprit qui a animé notre législation pénale dans ces dernières années.

93. — Au lendemain de la guerre civile, et alors qu'il paraissait nécessaire de prendre des mesures contre les associations que l'on rendait en grande partie responsables des troubles qui avaient ensanglanté le pays, la loi des 14-23 mars 1872 était édictée contre les affiliés à l'association internationale de travailleurs.

Le seul fait de l'existence de cette Association était considéré comme un attentat à la paix publique (article premier). Le Français qui s'y affilie est frappé d'un emprisonnement de 3 mois à 2 ans, d'une amende de 50 à 1,000 francs. Il peut être privé de ses droits civils pendant une période de 5 à 10 ans.

La pénalité, on le remarquera, est même en augmentation sur celle de l'article 13 de la loi de 1848 ; et cependant l'article 5 de la loi de 1872 réserve l'application de l'article 463 du Code pénal aux peines qu'elle prescrit.

94. — Il semble évident, en présence de ce courant d'idées, que la loi du 30 juin 1881 a voulu, comme toutes celles édictées sur la matière sous la République, que l'article 463 fût étendu à l'article 13 de la loi de 1848, dont elle consacrait à nouveau l'existence et que si elle ne l'a pas dit dans l'article 12, c'est parce qu'elle l'a estimé inutile, l'ayant proclamé, quelques lignes auparavant, dans l'article 11.

95. — 2°. — L'article 463 du Code pénal est sans influence quand l'interdiction des droits civiques est facultative. Le juge restant maître de frapper ou non le délinquant de cette peine, il lui suffira de ne pas la prononcer dans les cas qui lui paraîtront comporter de l'indulgence.

L'article 463 du Code pénal reprend, au contraire, son efficacité dans les cas où la privation des droits civiques est obligatoire.

On accorde généralement qu'encore bien que l'article 463 ne parle que de la peine correctionnelle et de l'amende, l'admission des circonstances atténuantes autorise les tribunaux correctionnels à affranchir le coupable de peines accessoires qui n'y sont pas mentionnés, telles que *l'interdiction des fonctions publiques* prononcée outre l'emprisonnement et comme peine obligatoire par l'article 171 du Code pénal contre les dépositaires publics déclarés coupables de détournement (1) ; par l'article 185, contre les juges ou administrateurs declarés coupables de déni de justice ; par l'article 197, contre tout fonctionnaire public qui a continué l'exercice de ses fonctions après sa révocation.

96. — En matière de délits électoraux, il a été décidé (avant le décret du 2 février 1852 sur les élections) que l'interdiction du droit de vote ajouté à l'emprisonnement par les articles 109 et 113 du Code pénal pouvait être supprimée au cas d'admission de circonstances atténuantes (1).

Or, l'article 109, du Code pénal, est ainsi conçu : « Lorsque par attroupement, voies de fait ou menaces, on aura empêché un ou plusieurs citoyens d'exercer leurs droits civiques, chacun des coupables sera puni *d'un emprisonnement* de six mois au moins et de deux ans au plus, *et de l'interdiction du droit de voter et d'être éligible* pendant cinq ans au moins et dix ans au plus. »

97. — Ce texte est semblable dans son économie à celui de l'article 13 du décret du 13 juillet 1848; il est cumulatif au point de vue des peines. L'interdiction des droits électoraux s'ajoute, non pas facultativement, mais obligatoirement à la peine principale de l'emprisonnement. C'est en face de ce texte que la jurisprudence a décidé que l'admission des circonstances atténuantes pouvait faire disparaître l'interdiction du droit de vote et réduire la pénalité à une simple amende (2).

98. — Ceci prouve bien que le bénéfice de l'article 463 du Code

---

(1) Dalloz. Code pénal annoté. *Sub.* 463. N° 243
(2) Bastia, 27 avril 1837. Dalloz. Rep. v Peine. N° 561.

pénal s'étend aux peines accessoires à celles de l'emprisonnement et de l'amende, et que si cet article n'a pas d'utilité quand la peine de la privation des droits civiques est facultative pour le juge, il la retrouve tout entière, quand elle est obligatoire, puisque, dans ce cas, il déploie ses effets (1).

99. La doctrine la plus récente se range à cette opinion. « Lorsque la loi ordonne l'interdiction (des droits civiques) elle est impé rative et obligetoire et le juge ne peut se dispenser de la prononcer. Dans ce cas, si les juges s'abstiennent de la prononcer, alors même qu'elle n'a pas été requise par le ministère public, le jugement doit être annulé, *à moins que l'existence de circonstances atténuantes n'ait été reconnue et constatée par le juge* (2). »

100. — Et plus loin : « Quand l'interdiction est purement faculative, il est manifeste que les juges peuvent s'abstenir de la prononcer sans qu'il soit besoin d'une déclaration de circonstances atténuantes. Mais si les juges usent de la faculté d'ajouter cette interdiction à la peine principale du délit, ils ne peuvent en réduire la durée au-dessous de celle déterminée par la loi qu'à l'aide de circonstances atténuantes en dehors desquelles ils encourraient le reproche, en abrégeant la peine, d'appliquer une peine non légalemént établie. Lorsqu'au contraire, *l'interdiction est obligatoire, une déclaration de circonstances atténuantes* est indispensable pour autoriser le juge, soit à en réduire la durée, soit à ne pas la prononcer (3).»

---

(1) Cf. Dalloz, *Code pénal annoté, sub.* 463, n° 252 : « L'application de l'article 463 n'a d'utilité que pour les cas d'interdiction (des droits civiques) obligatoire. »
(2) Dalloz, *Code pénal annoté* (1881) *sub.* article 431 n° 5-7, p. 66.
(3) Dalloz, *Code pénal annoté* (1881). *Sub.* article 463, n° 465 et suiv., p. 928.

CONCLUSIONS

L'inculpation n'est établie :

Ni sur le premier chef relatif à l'association non autorisée (articles 291 et 292 du Code pénal); articles 1 et 2 de la loi du 10 avril 1834.

Ni sur le second chef relatif à la société secrète (article 13 du décret du 13 juillet 1848; article 12 de la loi du 30 juin 1881).

Dans tous les cas, l'article 463 du Code pénal sur les circonstances atténuantes est applicable à l'un et l'autre délit.

Fait à Paris, le 2 avril 1889.

Édouard CLUNET,
Avocat à la Cour de Paris.

TABLE

9 782014 061109